电网企业
机构效能评估研究
——以国网安徽电力为例

国网安徽省电力有限公司 编

北京师范大学出版集团
BEIJING NORMAL UNIVERSITY PUBLISHING GROUP
安徽大学出版社

图书在版编目(CIP)数据

电网企业机构效能评估研究:以国网安徽电力为例/国网安徽省电力有限公司编. —合肥:安徽大学出版社,2023.11
ISBN 978-7-5664-2692-5

Ⅰ. ①电… Ⅱ. ①国… Ⅲ. ①电力工业—工业企业管理—研究—安徽
Ⅳ. ①F426.61

中国国家版本馆 CIP 数据核字(2023)第 211542 号

电网企业机构效能评估研究
——以国网安徽电力为例

国网安徽省电力有限公司 编

出版发行: 北京师范大学出版集团
安 徽 大 学 出 版 社
(安徽省合肥市肥西路 3 号 邮编 230039)
www.bnupg.com.cn
www.ahupress.com.cn
印　　刷: 江苏凤凰数码印务有限公司
经　　销: 全国新华书店
开　　本: 710 mm×1010 mm　1/16
印　　张: 14
字　　数: 220 千字
版　　次: 2023 年 11 月第 1 版
印　　次: 2023 年 11 月第 1 次印刷
定　　价: 59.00 元
ISBN 978-7-5664-2692-5

策划编辑: 吴泽宇
责任编辑: 吴泽宇
责任校对: 范文娟
装帧设计: 李　军　孟献辉
美术编辑: 李　军
责任印制: 陈　如　孟献辉

编 委 会

前　言

2017年，中国共产党第十九次全国代表大会提出高质量发展，我国经济由高速增长阶段转向高质量发展阶段。电网企业要根据自身特点，发掘企业增长潜力，实现电网高质量发展。2018年2月28日中国共产党第十九届中央委员会第三次全体会议通过了《中共中央关于深化党和国家机构改革的决定》，要求在全面深化改革进程中，下决心解决党和国家机构职能体系中存在的障碍和弊端，更好发挥我国社会主义制度优越性。为此，2021年国家电网发布《国网人资部关于建立机构效能评估机制的指导意见》，从组织机构效能建设视角推动国网高质量发展。2022年，习近平总书记在中国共产党第二十次全国代表大会上的报告再次强调，加快构建新发展格局，着力推动高质量发展，增强国内大循环的内生动力和可靠性。国家电网作为国内大循环的重要一环，必然要响应党和国家的号召，全面推动电网企业机构效能建设。

电网企业机构效能评估研究通过探索建立健全电网机构效能评估体系，形成常态化的机构效能评估机制、动态化的机构调整机制，不断加强机构编制事中、事后监管力度，及时调整或撤销运行效率低、运行不畅的机构，合理配置有限资源，持续优化提升机构运行效率。本书由国网安徽省电力有限公司和安徽大学课题组共同编写。本书内容既有对国网安徽省电力有限公司机构效能评估经验的总结和问题的剖析，使本书内容具有针对性和实践性、可行性；也有安徽大学老师对组织机构效能研究的理论梳理，具有理论性和前瞻性。因此，本书是理论与实践相结合的产物。本书将为电网企业机构效能建设提供有价值的参考。

本书共8章。第一章 导论（黄永聪、张志明、倪昌红、许其国）；第二章国网安徽电力机构效能评估现状(张立刚、杨爱元、鲍冰、刘威);第三章 国网安徽电力机构效能评估模型构建(刘莉、倪昌红、陈涛);第四章 国网安徽电力机构效能评估指标体系(王磊、刘莉、陈家田、仇若凡、王鹏);第五章 国网安徽电力机构效能评估流程设计(杨翼、杨爱元、许海东);第六章 国网安徽电力机构效能评估实施方案(倪昌红、刘莉、计光超);第七章 国网安徽电力机构效能评估典型案例(仇若凡、张志明、杨翼、计光超、许康);第八章 结论(张立刚、刘莉、陈家田、顾栋)。

目 录

第一章　导论

电网企业机构效能评估机制及典型机构模式研究是国家电网有限公司为响应“高质量”发展而提出的新的研究课题。国网安徽电力有限公司（以下简称“国网安徽电力”）以相关管理理论为指引，搭建效能评估维度指标，规范科学分析方法，强化评估结果应用，以实现高质量发展的战略目标。

第一节　研究概述

国网安徽电力作为电网企业机构效能评估机制及典型机构模式研究的承载体，首先要明确课题研究的背景、目标、任务、拟解决的关键问题、研究思路等内容。

一、研究背景

国家电网有限公司持续关注企业的机构效能研究是公司面对内外部挑战，不断获得竞争优势，寻求高质量发展，以及实现中国特色国际领先的能源互联网企业战略目标的必然要求。机构效能研究有助于电网企业实现高质量发展，以应对企业内外部环境的不断挑战，保持企业的竞争优势和健康发展，为企业发展提供组织和制度保障。

二、研究内容

国网安徽电力机构效能研究的内容是：

（一）基本现状及相关理论研究

本书研究国网安徽电力效能评估现状，主要从理论构思与现行评估机制的比较视角，分析国网安徽电力的基本情况，建立机构效能评估的理论模型、指标体系的理论基础。

（二）现行评估方案研究

对现有评估方案及实施结果展开分析，诊断国网安徽电力机构效能评估现状，需从评估理论模型、指标体系、统计计算方法等核心问题，分析取得的成果和面临的问题，寻找解决问题的技术路线。

（三）发挥机构效能评估的指挥棒作用

不断优化组织的软硬资源配置，提高机构效能，达到提质增效的目的。进而推动机构设置优化、公司规则的完善，以及组织机构目标的达成，实现国网安徽电力的发展战略目标。

三、研究任务

国网安徽电力机构效能研究任务分为两个层面，共五个方面。

（一）理论层面

1. 确定理论边界条件

科学界定效能、机构效能、机构效能评估的内涵和外延。

2. 构建评估理论模型

研究投入一产出运营环节与业务流程，确定机构效能评估维度，以及各维度的关系及连接方式。

(二)实践层面

1. 现行市县级公司内设机构效能评估论证

包括评估指标体系合理性、指标的测量与计算、定性评估和定量评估如何结合等。

2. 以机构效能评估结果引导企业组织结构的优化、企业规章制度的完善,以及企业资源的合理配置。

第二节　机构效能评估及其主要维度

机构效能的内涵与外延是机构效能评估研究的逻辑起点。机构效能评估维度是效能评估研究的核心内容,国有企业机构效能评估包括态度与行为、培训与胜任力、满意度等员工特质维度,以及创新、内部协调、社会责任和组织变革等企业特质维度。

一、机构效能

(一)效能的概念

1. 中外学者对效能的界定

效能一词最早来源于 Barnard(1938)提出的效能是组织目标的达成。Drucker(1965)则认为效能是选择恰当的目标并实现目标的能力。Heckman(1987)从工作成果、工作能力及员工满意度三个维度进行评估。中国学者杨倩强调衡量效能要注重目标与成果之间的联系;吉忠华提出只有目标方向正确,再提高工作效率,才会出现效能;郑燕祥提出效能是指人们对各种资源要素的利用能力。

2. 效能定义及与相关概念关系

从中外学者对效能的概念界定可以看出,效能是目标、效果、效率与能力的有机统一。在对过程进行评估时,是考察效率问题;而对结果进行评估时，是考察效益问题。因此，效能是个人或组织体现在实现目标过程中的效率、效益（或效果）和能力。效能、能力、效率、效益逻辑关系如图 1-1 所示。

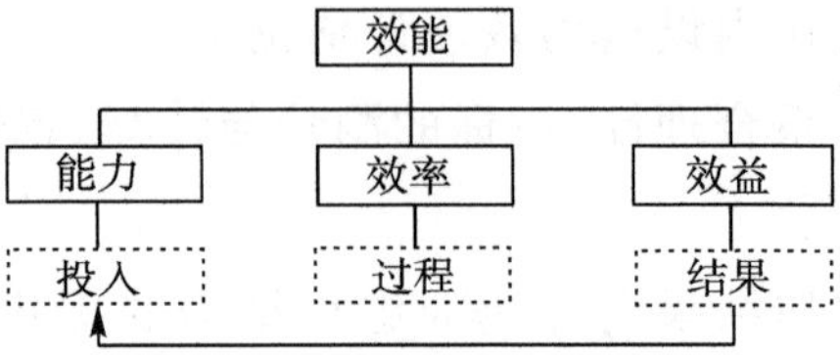

图 1-1　效能相关概念关系

（二）机构效能的概念

机构效能充分代表着组织实现自身目标的程度和效果，同时反映了组织在内外部活动过程中所实现的绩效和胜任能力。机构效能具体体现在员工和组织两个层面的影响结果，包括组织的能力和绩效，以及成员的态度和行为等。员工与组织的态度和能力是组织实现其目标的基础资源。态度和胜任能力、生产运营的活动过程决定了组织最终产出成果的效益，反映了组织目标的达成程度。机构效能的逻辑层次如图 1-2 所示。

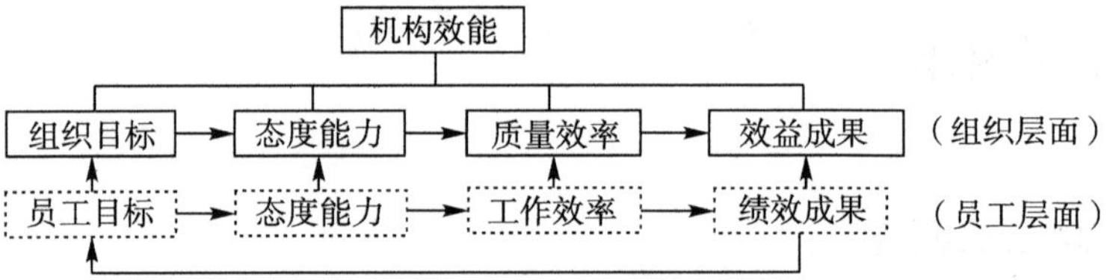

图 1-2　机构效能内涵构成

同时，机构效能依据运行过程中的柔性也分为不同的层次，其中目标、组织结构、人力与物力资源等属于较为刚性的平台效能，管理者、态度、体制、规制、技术手段等属于较为柔性的管理效能。如图 1-3 所示。

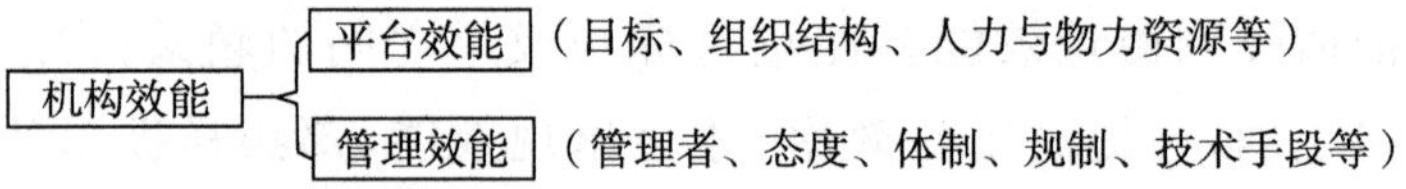

图 1-3　机构效能层次

(三)机构效能与绩效的关系

机构效能包含组织机构的绩效。组织绩效是指组织的具体经营成果,包括工作产出与行为结果两方面,体现的是组织某方面的实际表现,是机构效能的部分内容。组织绩效高并不代表组织竞争能力强,组织绩效偏向所涉及的对象本身,更注重对当前结果的考量;机构效能则强调组织的总体表现,是指组织目标的完成情况以及组织在各方面的表现与存在问题的有效解决能力,是评估组织未来生存发展与成长壮大能力的重要指标。

二、机构效能评估

机构效能评估是根据影响机构效能的主要维度,运用分析方法,确定目标,在收集数据信息基础上,建立反映机构达到目标的能力的评估方法,并给出衡量机构效能的测度,以达到评估机构实现自身目标程度能力的目的。根据 Seashore S. E. 和 Gold 的观点,对机构效能进行评估时,不仅需要对运营成果数量、组织创新、内部协调、企业社会责任、环境适应性(组织变革)等组织目标导向的指标进行评估,还需关注态度、培训(胜任力)、满意度等针对员工方面的维度指标。

三、员工特质维度

员工特质指标包括态度与行为、培训与能力、满意度等。

(一)态度与行为

通常态度表达的意义是对某件事物喜欢或者不喜欢的心理倾向,或把它具体为对某事物的认知和情感倾向。Baron (1988)提到态度的 ABC 模型,认为态度包含情感(Affective)、行为(behavior)、认知(cognitive)3 种成分。Upmeyer(1989)等认为行为指的是判断、决策、明显的行为序列过程,而且行为是潜在的态度的表达。态度有强度这个指标,比较强的态度不易改变,它能够影响信息的判断和决策过程,也能够影响相应的行为。

(二)培训与能力

1. 培训

泰勒(Frederick W. Taylor)在《科学管理》中第一次提到了"培训"。托马斯·S·贝特曼认为,培训有基础性与高级性培训两种类型:基础性培训泛指一般性的培训内容;高级性培训的目的是提高从业者管理能力和专业技能。萧鸣政认为,培训是企业有计划有组织的行为,其目的是帮助员工掌握工作所需的相关知识、技能等,并在此过程中认可企业的价值观和行为规范。一般来说,培训是为了创造一种环境,使员工在这个环境中得到一份与工作密切相关的知识、技能、能力和态度。

2. 能力

"能力"这一概念最早由美国著名心理学家 David · C · McClelland(1973)年提出,后经 Boyatzis (1982)、Gerald E. Ledford(1995)的逐步完善,能力被界定为是个人具有的潜在的个人特征,包括动机、特质、知识、技能、自我观念和行为特征。总地来看,能力具有以下三个重要特征:与工作绩效有密切的关系,能够可以预测员工未来的工作业绩;与工作情景相关联,具有动态性,能力在很大程度上受到工作环境、工作条件,以及岗位特征的影响;能够区分优秀业绩者与普通业绩者。

(三)满意度

1. 员工满意度

霍波克(1935)指出,员工在身体和心理两方面的感受,会直接反映出员工对工作的满意程度。员工的满意度是基于个体根据期望与自己本身的工作进行的对比,所以满意度也是一个预期效果与期望差异的函数。刘云(2005)等通过实证研究验证了工作满意度与工作绩效二者之间不存在一种单一的"正"关系,应有四种组合。可见,员工满意度与工作绩效正相关,进而提高企业机构效能。后来,严红、陈鹏(2008)将员工满意度分为内部满意度和外部满意度。

2. 顾客满意度

美国学者 Cardozo(1965)提出消费者满意度概念。顾客满意度是一种主观上的感受，它是通过对消费产品的一种可感知的判断与心理预期相比较而产生的满足程度。Fornell(1992)、Cronin 和 Taylor(1992)认为，顾客满意度可以提高顾客的忠诚度、信誉度，从而树立企业良好的口碑。

(四)员工特质与绩效

1. 员工态度与绩效

态度属于个体心理层面的因素，进而通过行为决定绩效。Koys(2001)研究结果表明组织公民行为能够提高组织绩效。张伟等(2008)、井辉(2017)、石慧等(2016)等研究也发现：企业员工自觉学习、人际和谐显著正向影响工作行为；积极主动、意见表露、自觉学习显著正向影响工作结果；参与活动与工作行为和工作结果均显著负相关 。

2. 员工行为与绩效维度

行为变化存在两面性，非主观意识控制的无意识负面行为会对组织绩效产生严重的消极影响。企业培训学习会降低员工负面行为对企业经营绩效的负面影响，企业培训学习在员工行为和绩效之间发挥部分中介作用。因此，虽然员工行为对绩效有正负两面性作用，但是培训学习可以降低负面行为对绩效的不利影响。

四、组织创新维度

界定组织创新概念及分析影响组织创新的主要因素。

(一)组织创新

组织创新植根并发源于熊彼特的创新理论。王志莲和张红(2003)、李斌(2005)、苏敬勤和林海芬(2010)、金玮和石春生(2017)等认为，组织创新就是为适应外部环境及组织内部条件的变化，而提高组织活动效益的过程；提出组织创新根本目的是创新组织形态和结构，是其对内部资源重新组合和整理的过程，是为适应性变异、选择与保留的演变过程模型。

(二)影响因素

有关组织创新的影响因素的研究成果十分丰富，经过归纳，主要有个人、组织特征、知识共享等因素。个人因素包括组织成员的受教育水平、组织领导者风格等。组织特征因素包括组织年龄、组织规模、组织环境等。知识共享是创新创业企业建立竞争优势的关键。只有通过共享将成员知识升华为团队整体知识并有所创新,才能将知识价值转化为组织创新。

五、组织内部协调维度

(一)组织内部协调

在组织活动的过程中,协调一直是一项普遍而重要的难题,因为组织活动的有效协调是保证和实现组织高效运作、高绩效的关键所在。协调是为实现高效而采取的最适当的关系合作,即使各部分处于合作与有序的状态。组织内部协调是组织内联系、整合不同部门的一种不可或缺的组织行为,是协调的关键。组织内部协调主要体现在与目标相关的层面,有目标的控制和导向的协调,均需要组织内相互依赖的各部门即组织结构、团体及个体间的协作。

(二)内部协调维度

组织内部协调效率受组织规模、组织结构、业务流程、组织时间等因素制约。组织规模影响管理结构协调效率,适度规模需要对组织的边界与规模做出重新调整。组织结构是组织协调运行的“骨架”,好的组织结构有利于高效的内部协调,能帮助组织发展行稳致远。业务流程是作为 EPSRC 革新制造活动的重要组成部分的姿态出现的,被界定为“一系列将组织运作和顾客需求连接起来的活动”。Miller(1994)则把业务流程解释为“理解组织业务如何开展的一种方式”。组织时间是人、财、物等资源的投入顺序与节奏,它有三类组成要素:协调活动时间、组织时间规范、组织行为周期和节奏。

六、企业社会责任维度

(一)企业社会责任

社会责任指的是公众与社会在某一特定时期内寄托于企业组织的期望,它包括经济、法律、伦理和慈善四个层面。经济层面指企业需要产出社会需求的产品或服务;法律层面指企业负有因遵循法律而造成利润损失的义务;伦理层面要求企业的行为必须符合伦理准则;慈善层面则是指企业在实现经济目标的同时要满足全社会对其的非经济期望,做有利于社会的事。企业社会责任实际是企业将社会问题纳入内部运营流程,以及与利益相关者的互动过程的行为。

(二)企业社会责任的构成

田虹(2009)将以下 5 大类 14 小类列入社会责任构成中。见如 1-3 所示。

表 1-3 企业社会责任构成

企业社会责任	股东	股利分红
	员工	工作环境及住宿条件
		薪酬与合法权益
		员工培训与职业健康
	消费者	产品的安全
		产品的质量
	环境	污染控制
		环境恢复
		节约能源
		废旧原料的回收
		有利于环保的产品
		其他环境披露
	其他利益相关者	供应商
		债权人

社会责任包含经济指标与非经济指标两个方面，国有企业的社会责任更多的是要着眼于非经济目标的实现。电网企业作为关系国家能源安全和国民经济命脉的特大型国有重点骨干企业，承担了安全生产、促进社会就业和保护生态环境的社会责任。

七、组织变革维度

（一）组织变革

Webber(1979)提出组织变革是指通过改进组织的政策结构或改变人们的态度或行为以增进组织绩效的方法。Dessler(1980)将组织变革定义为旨在增进组织效能而改变组织的结构、技术或人员的方法。Michael(1982)认为组织变革是指组织经营行为与环境变化无法协调时组织为适应环境变化而从事的调整过程。我们认为，组织变革是综合运用组织各项管理原理、基本理论，研究群体动力、领导、职权职责和组织再设计等问题，通过对组织中的要素进行结构性变革，使之适应环境的变化和组织发展战略的活动过程。

（二）组织变革的因素

组织变革的维度分为外因、内因两个方面。一是外部环境的变化。P. Robbins(1992)在研究组织结构设计与应用中提出组织变革的主要因素是现代环境快速变动，包括技术变革、经济冲击、社会趋势等。二是内部环境的变化。它主要是由传统组织结构、工作流程的弊端导致的。企业为了适应组织内外部环境的变化，必须对组织结构进行变革。从组织经营项目重组、关键绩效评估指标体系构建到管理职能调整与工作流程的优化等，组织变革涉及组织经营发展的方方面面，组织变革是企业在面对环境变化与市场竞争时能够获得生存与发展的关键策略。

第三节 研究内容、思路与方法

电网企业机构效能评估的主要研究内容、研究思路、研究方法等阐述如下。

一、主要研究内容

(一)国网安徽电力机构效能(运行)现状调研

界定机构效能、评估机制、组织机构模式等基本概念,了解顶层设计及相关政策法规,参考相关研究成果,为机构效能评估指标机制研究提供理论支持。了解公司机构运行实际效能,厘清机构运行效能评估的问题。

(二)国网安徽电力机构效能评估指标体系

按照明确机构效能目标与结果,建立评估理论模型的维度。聚焦公司战略目标,围绕组织机构的能力、质量、效率和效益等维度,坚持长期与短期指标相结合、结果与过程指标相结合,解释维度的测量指标,建立效能评估指标体系。

(三)国网安徽电力机构效能评估流程

按照组建团队、明确评估职责、制订方案、开展评估、编制报告、结果应用等流程,开展机构效能评估。依托效能评估机制,查找分析问题,明确机构效能提升方向。

(四)机构效能评估结果深化应用设计及典型机构模式研究

评估结果作为管理模式、业务流程、组织架构、资源配置、制度标准和运行机制优化的重要参考,为公司决策提供科学依据;尝试提炼符合国网安徽电力实际,支撑"一体四翼"发展布局的电网企业典型机构模式和运行机制。

二、研究思路

本书的研究思路遵循如图 1-6 所示的技术路线。

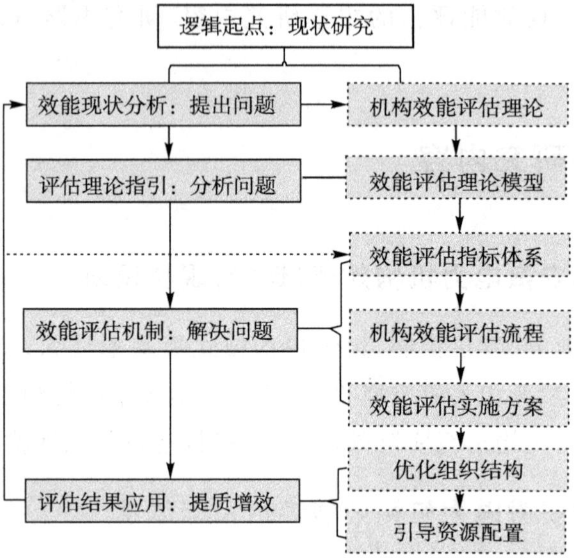

图 1-6　研究技术路线

三、研究方法

（一）文献搜集与梳理

围绕机构效能评估、业务流程、组织变革、虚拟组织、中英文高质量文献，界定效能、机构效能、机构效能评估理论模型、评估指标体系、虚拟组织机构的边界条件等进行。

（二）调查研究

查阅国家层面及国家电网有限公司的相关方针政策与主要文件。走访相关国网安徽电力的地市公司及其内设机构，确认机构效能评估的指标体系。调研典型机构模式和前端班组情况，优化机构设置，健全责权匹配。

(三)量性研究

机构效能评估采集国网安徽电力内设机构的指标数据，采用有效的统计分析方法，以数量分析结果指导资源配置和组织结构优化，提高机构效能。

(四)质性研究

机构效能评估的各项指标，很难获得来自企业的全面数据支持，对缺失的数据，通过问卷调查获得补充资料。在量性评估基础上进行定性评估，使其更符合国网安徽电力的实际情况。

第二章　国网安徽电力机构效能评估现状

国网安徽电力机构效能评估现状研究的内容包括国网安徽电力战略目标、组织结构、人力资源等的基本概况，国网安徽电力机构效能评估的维度及其指标搭建现状，以及根据机构效能评估结果进行的基层组织结构模式变革探索。

第一节　国网安徽电力概况

机构效能即组织实现自身目标的程度和效果，分为组织的能力和绩效以及员工的态度和行为。机构效能评估是评估组织机构实现自身目标的程度和效果的能力。“国网安徽电力企业概况”重点分析公司战略目标、机构效能评估模型与指标，以及企业的人力资源状况。

一、公司战略目标

1. 具有中国特色国际领先的能源互联网企业

国家电网有限公司把全面建成具有中国特色国际领先的能源互联网企业作为公司战略目标。为实现这一战略目标，公司以习近平新时代中国特色社会主义思想为指导，全面贯彻落实党的二十大精神，推动构建以新能源为主体的新型电力系统，落实国有经济布局优化和结构调整要求。

2.“一体四翼”发展布局

电网业务是国家电网有限公司的主导产业和主营业务，高质量发展电网业务是促进公司发展质效提升的重中之重。国家电网有限公司提出：要牢牢把握“十四五”发展战略总体布局，公司上下要以战略为统领，以实施八大战略过程为抓手，坚持“一业为主、四翼齐飞、全要素发力”，全面推动产业升级和高质量发展。“一业为主、四翼齐飞、全要素发力”的发展总体布局，简称“一体四翼”发展布局，“一体四翼”发展布局示意图见图2-1。它擘画公司的发展蓝图，为公司实现高质量发展提供了战略指引，也是实现战略目标的具体策略。

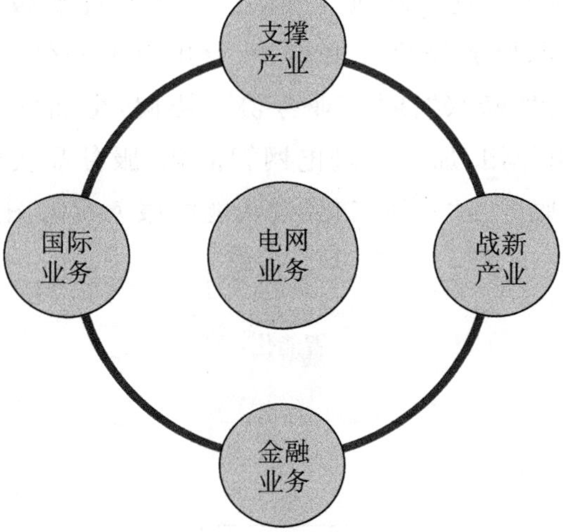

图2-1 “一体四翼”发展布局

3.“一体四翼”发展布局的内容

(1)电网业务。国家电网有限公司将电网业务牢牢抓在手里、扛在肩上，加快推进公司向能源互联网的转型升级。这是“一体四翼”中的“一体”。

(2)支撑产业。聚焦产业链中高端，加强技术攻关，推进企业中台建设，加强“网上电网”“新能源云”平台、现代智慧供应链、智慧后勤建设，以及公司智库建设，提升国家电网有限公司发展的服务保障能力。

(3)战略新兴产业。战略新兴产业是国家电网有限公司发展的深层动力。随着高端芯片、能源电商、综合能源业务、电力大数据服务的不断拓展，战略新兴产业不断壮大，逐步培育发展新动能。

(4)金融业务。金融业务有力地支持了电网建设和公司发展。金融业务根植主业、服务实业、以融促产、创造价值,国家电网有限公司充分发挥能源金融特色优势,更好地服务实体经济。

(5)国际业务。国家电网有限公司参与全球市场竞争与合作,统筹利用国内国际两种资源,拓展市场空间,服务共建“一带一路”。公司成功投资运营巴西、菲律宾、葡萄牙、澳大利亚、意大利、希腊、阿曼、智利的骨干能源网,树立了负责任的国际化企业形象。

4. 国网安徽电力“一体三化”现代能源服务企业建设

围绕国家电网有限公司建设具有中国特色国际领先的能源互联网企业战略目标,国网安徽电力扎实推进“一体三化”现代能源服务企业建设。以“一体三化”现代能源服务作为重要抓手,突出电网一体主责主业,强化金融、国际、支撑、战略性新兴“四翼”业务协力协同,全面发挥人才、数据、资源、技术等要素牵引作用,加快推进电网智能化、服务品质化、管理精益化,做深做实现代能源服务。“一体三化”现代能源服务示意图见图 2-2。

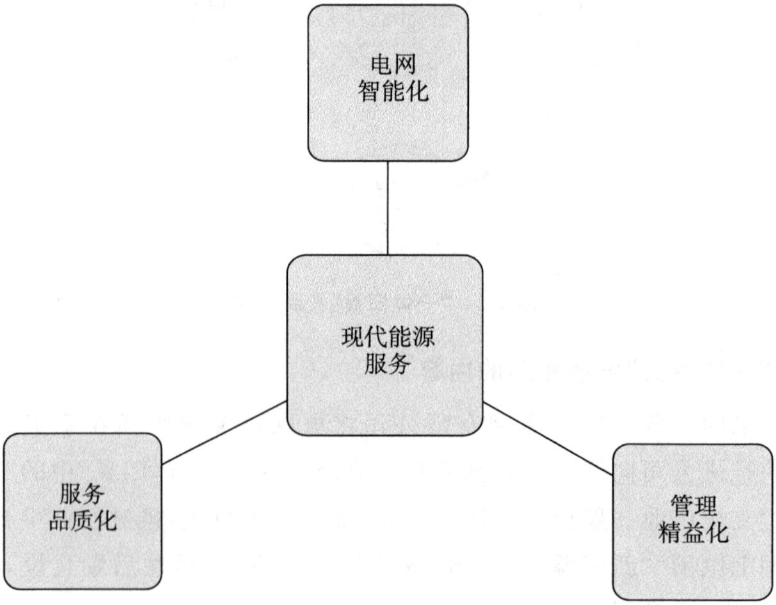

图 2-2 “一体三化”现代能源服务

(1)“一体”。“一体”是以党建为引领,以改革创新为动力,主动融入长三角一体化发展战略,坚持思维理念、标准要求一体对接,加快传统业务与新兴业务一体运作,推动数字技术与电网技术一体融合,全面推动国网安徽电力高质量发展,加快推动传统电网向能源互联网演进。

(2)“三化”。一是推动电网智能化,实现源网荷储的友好互动。统筹“源网荷储”协同一体发展,积极助推“清洁低碳、安全可控、灵活高效、开放互动、智能友好”的新型电力系统构建。二是促进服务品质化,全力构建品质服务生态链。三是实现管理精益化,着力打造现代国有企业。

二、公司组织结构

(一)国网安徽电力组织结构

国网安徽电力本部现设置办公室、发展策划部、党委组织部等 22 个职能部门,下辖安徽省 16 个地市及其县级公司的生产运营单位,在国网安徽电力层面设置了电力科学研究院、超高压分公司、信息通信分公司等 13 个生产运营的支撑保障单位。国网安徽电力组织结构如图 2-3 所示。

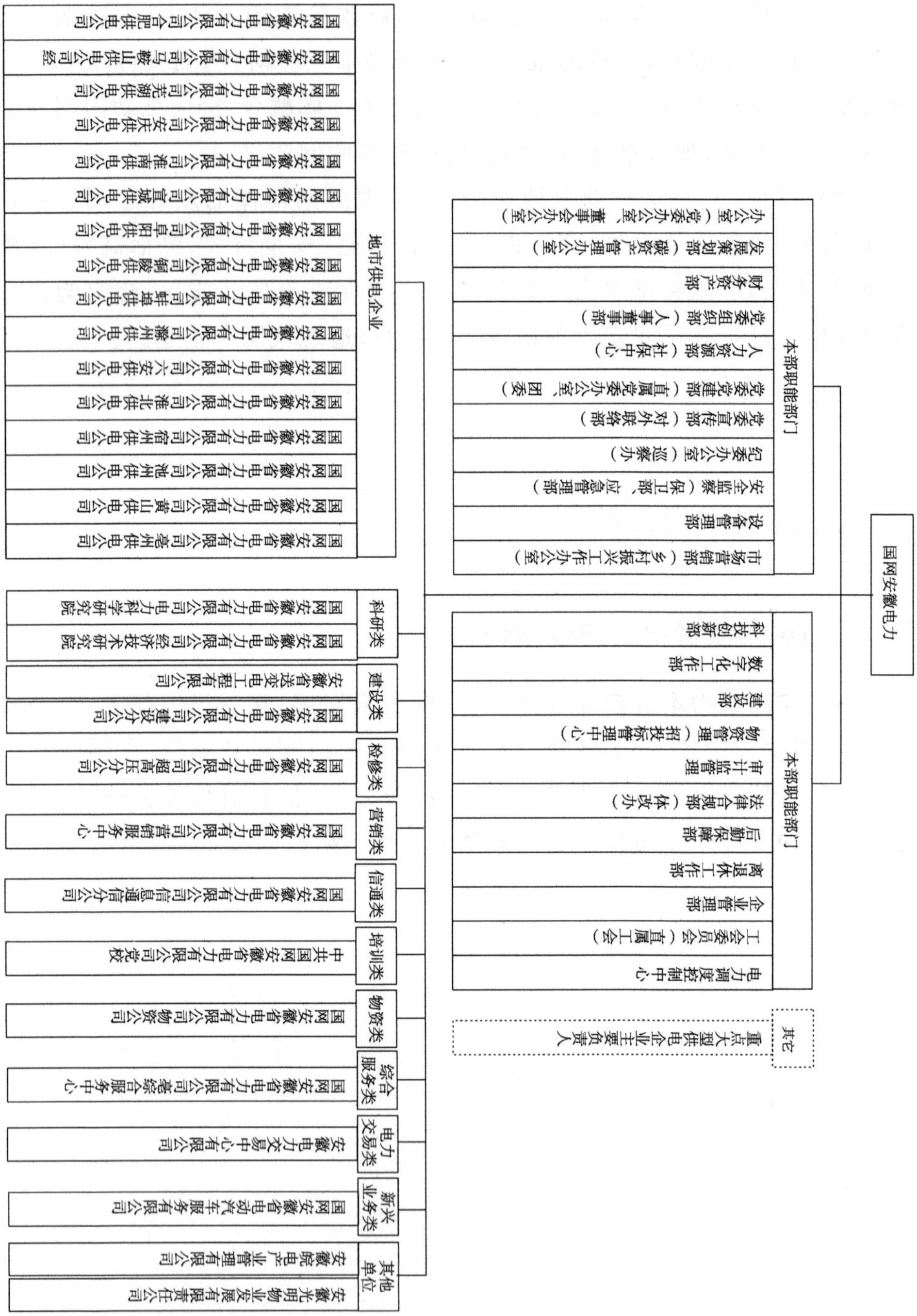

图 2-3　国网安徽电力组织结构图

(二)市级公司组织结构

通过调研,国网安徽电力地市公司的典型组织结构如图 2-4 所示,地市公司中,设置最多的职能部门,有办公室、运维检修部、电力调度控制中心等 14 个,经济技术研究所、供电服务指挥中心、输电运检中心等 6 个的业务实施机构,以及若干全资县级供电企业。

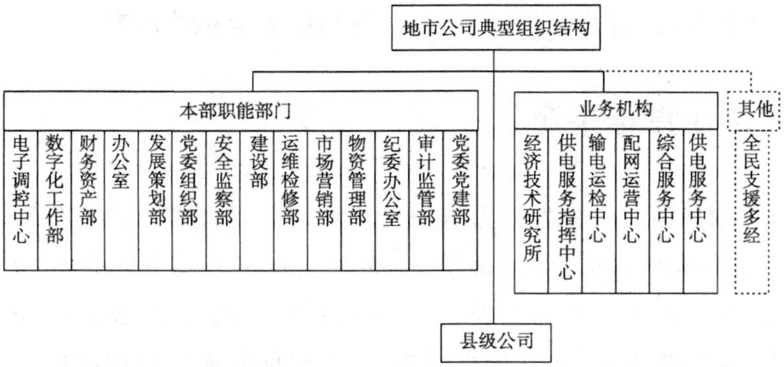

图 2-4 市级公司典型组织机构图

(三)县级公司内设机构

县级公司典型组织机构主要由县级公司本部职能部门和内设机构组成。县级公司内设机构以中心供电所为核心单位,其次是运维检修部等。典型县级公司组织结构如图 2-5 所示。

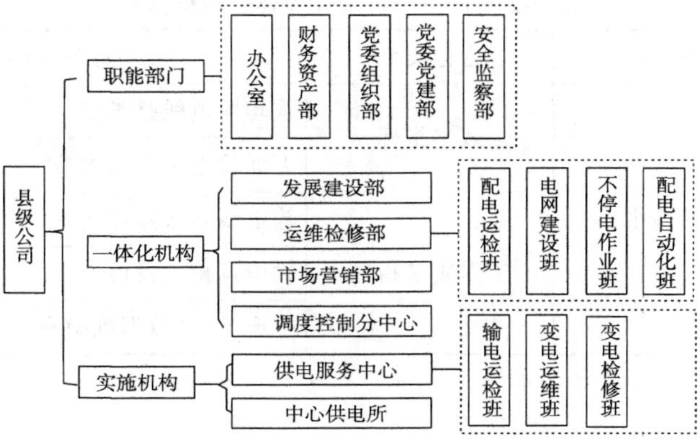

图 2-5 县级公司典型组织机构图

第二节　国网安徽电力机构效能评估

组织机构效能评估，一般包括评估理论模型、指标体系、指标测量、评估实施等内容。国网安徽电力机构效能评估主要包括构建评估模型与指标体系、确定评估方法、进行数据分析，以及评估结果应用等内容。

一、评估指标来源

笔者根据《国网安徽省电力有限公司劳动统计报表》《市县公司 2022 年一季度对标指标统计表》等内部资料，整理确定了人均营业户数、人均配电线路长度、万元配电资产运维费、用户平均停电时间、运检投诉率、配变频繁停电指数、考核投诉率、人均变电站数量、电费回收率等常用评估指标。

二、评估模型与指标体系

利用上述相关评估维度划分类别，根据工作效率和工作质量两个维度提炼出 37 个指标，整理出国网安徽电力现有的机构效能评估指标体系，如表 2-2 所示。

表 2-2 地市公司机构效能评估指标体系

序号	机构名称	指标类型	评估指标
1	输电运检中心	效率指标	人均输电线路长度
2			万元输电资产运维费
3		工作质量指标	输电线路故障停运率
4			输电运检类投诉
5			生产 PMS 数据准确率

续表

序号	机构名称	指标类型	评估指标
6	变电运维中心	效率指标	人均变电站数量
7			万元变电资产运维费
8		工作质量指标	变电精益化管理
9			作业现场安全管控
10	变电检修中心（变电二次检修中心）	效率指标	人均变电站数量
11			万元变电资产运维费
12		工作质量指标	35kV及以上变电设备故障停运率
13			主网继电保护正确动作率
14	网格化供电服务中心	效率指标	人均营业户数
15			人均配电线路长度
16			万元配电资产运维费
17		工作质量指标	用户平均停电时间
18			运检投诉率
19			配变频繁停电指数
20			考核投诉率
21			业扩平均时长
22			电费回收率
23	互联网办公室	效率指标	人均通信光缆长度
24			万元调度通信资产运维费
25		工作质量指标	数据管理应用指数
26			新兴业务拓展指数
27	电力调度控制中心	效率指标	人均主变数量
28			万元调度通信资产运维费
29		工作质量指标	调度技术支持系统可靠率

续表

序号	机构名称	指标类型	评估指标
30	中心供电所	工作效率	人均营业户数
31			人均配电线路长度
32			万元配电资产运维费
33		工作质量	配变故障停运率
34			综合采集成功率
35			当年电费回收月均水平
36			台区线损达标率
37			0.4KV 台区综合线损率

三、评估方法

(一)定性评估

一是开展自评估。市县级公司结合机构优化的文件要求,组织人员每年重点对新设立机构的运转流程、协同机制、业务饱满量、人才培养等维度进行评估分析;二是开展专项评估。结合年度重点调研课题,公司统一组织开展专项调研评估,重点对特定类型的机构的共性问题、突出矛盾进行座谈交流,听取基层单位各层级负责人对机构优化的意见和建议,评估机构设置的合理性与整合的可行性。

(二)定量评估

针对地市公司同类机构工作效率、工作质量维度,采用“四象限法”进行评估,即选取工作效率和工作质量两个维度,采用加权法计算各地地市公司两类指标得分,每类指标的平均值作为标准值,将省内典型地市公司机构纳入四象限内。

以地市公司输电运检中心效能评估为例:

输电运检中心工作效率分数=人均输电线路长度得分*70%+万元输电资产运维费得分*30%

输电运检中心工作质量分数＝输电线路故障停运率得分＊50%＋输电运检类投诉得分＊25%＋生产 PMS 数据准确率得分＊25%

其中：

人均输电线路长度得分＝100＋(人均输电线路长度－平均人均线路长度)/平均人均线路长度＊100

万元输电资产运维费得分＝100＋(平均万元输电资产运维费－万元输电资产运维费)/平均万元输电资产运维费＊100

输电线路故障停运率得分＝100＋(平均输电线路故障停运率－输电线路故障停运率)/平均输电线路故障停运率＊100

输电运检类投诉得分＝100＋(平均输电运检类投诉－输电运检类投诉)/平均输电运检类投诉＊100

生产 PMS 数据准确率得分＝100＋(生产 PMS 数据准确率－平均生产 PMS 数据准确率)/平均生产 PMS 数据准确率＊100

四、评估结果应用

用采集到的数据进行统计分析，得到机构效能评估结果。将机构效能评估结果反馈给各单位，各单位根据评估结果，充分探索评估结果应用的范围，并根据评估结果制定机构效能改进行动计划。

(一)国网安徽电力层面制度建设

1. 深入推进劳动定员标准建设

将机构效能评估与劳动定员试点有机结合起来，通过机构效率评估，推进超缺员分析应用。制定《国网安徽电力劳动定员定额管理实施细则》，细化管理界面，明确工作流程，制定应用措施。编制《国网安徽电力供电公司劳动定员定额标准》，配套编写《定员定额标准编制说明》，完成定员范围内全部单位定员定额水平测算。

2. 优化业务前端微观组织

印发《国网安徽省电力有限公司关于推进综合性大班组设置的指导意见》，优化综合性大班组公司劳动组织的方向，推动各单位加快一线班组整合、推动复合型人才的培养。

3. 加快供电服务体系建设

制定印发《国网安徽省电力有限公司关于供电服务机构优化设置的指导意见》，指导各单位优化供电服务机构职能定位和班组设置，进一步压实各级责任，强化专业协同，提升服务效率。

4. 推进输电智能巡检体系建设

印发《国网安徽省电力有限公司关于优化无人机巡检机构设置和人员编制的通知》，支撑公司建成管理水平一流、技术国际领先的无人机巡检示范单位，促进输电专业向"立体巡检＋集中监控"巡检新模式转变，加快设备智能化升级和业务数字化转型，提升巡检工作质效。

5. 优化升级电费抄核收账作业体系

印发《国网安徽省电力有限公司关于优化公司电费核算账务相关机构的通知》，实现电费业务省级集约，进一步强化数字化、智能化信息技术升级，以技术提升减少用工需求，以智能应用代替人工操作目标，为客户服务能力提升赋能，为公司高质量发展提供支撑。

（二）地市公司层面机构优化调整

1. 重构组织架构，实现专业集约

蚌埠公司在变电运维业务、变电检修业务部门层面融合的基础上，进一步整合综合性班组，将变电运检中心下设的 4 个变电运维班、3 个变电检修班和 1 个运维综合班，按区域整合为 3 个变电运检综合班，统一协调负责区域内的变电运维、一次检修任务，最大程度实现专业集约融合，人力资源充分共享。

2. 融合相近专业，打破业务壁垒

安庆公司、阜阳公司将低压客户服务、抄表催费和装表接电等业务整合为 1 个班组，推进低压营销配电一体化。阜阳公司、蚌埠公司、铜陵公司将继电保护、自动化和交直流专业整合为变电二次综合班，试验专业和化验专业整合为试验化验班，推进变电运检一体化。

3. 整合相同专业，扩大职责区域

安庆公司将原5个输电运检班整合为2个输电运检班，蚌埠公司将输电运检中心4个输电运检班整合为1个输电运检班。铜陵公司将原输电运检班、输电带电作业班和输电电缆班3个班组整合为输电综合班。

4. 打造项目团队，创新组织体系

阜阳公司积极探索项目团队新模式，按照“团队组建灵活、业务运转高效、成本管控有力、适应市场需求”的思路，针对公司现有业务主要依靠外委用工的班组，构建“业务承包责任制”，成立营业坐席、话务坐席和信息运维3个项目团队，打造灵活多元的组织体系。通过竞聘聘任3个项目经理和4位项目骨干，配套建立项目团队考核评估机制，给项目团队定目标、定责任、定标准，项目负责人的奖金与考核结果紧密挂钩，实现上下30%浮动，充分调动了团队成员工作的积极性。

5. 试点“供电所内部承包责任制”

池州公司探索实行“按量包干、按质兑现”的“供电所业务内部承包责任制”，将定员定额理念深入一线班组人员，从而激发供电所内生动力、干事活力。

第三节　国网安徽电力组织结构模式变革探索

运用国网安徽电力搭建的机构效能评估指标体系，对市县级公司内设机构进行分机构效能评估，将机构效能评估结果对标公司总体发展战略，发现弱点及短板，进而在组织机构模式变革上作出积极探索，取得不错的成效。

一、网格化服务机构

在国家电网有限公司的《指导意见》下发前，国网安徽电力就前瞻性进行了网格化服务机构探索，带来了公司效能的提升。

(一)网格化服务机构探索

1. 形成与发展

2018年,国家电网有限公司印发《关于试点开展城区低压网格化综合服务的指导意见》(国家电网办〔2018〕395号),要求推进城区营配业务融合,打造高效协同的供电服务前端,建立城区低压网格化客户经理制、设备主人制,实现人员"一专多能"、业务"协同作业"、服务"一次到位"。2018年5月,公司在合肥滨湖、蚌埠城区开展了网格化综合服务试点。2019年11月,公司印发了《关于优化市公司内设机构的指导意见》(皖电人资〔2019〕270号),对在城区设立网格化服务机构、开展网格化综合服务提出了指导要求。截至2021年上半年,随着铜陵公司、六安公司完成机构调整,16家地市公司已全部成立了网格化服务机构,不过数量参差不齐,见图2-21。

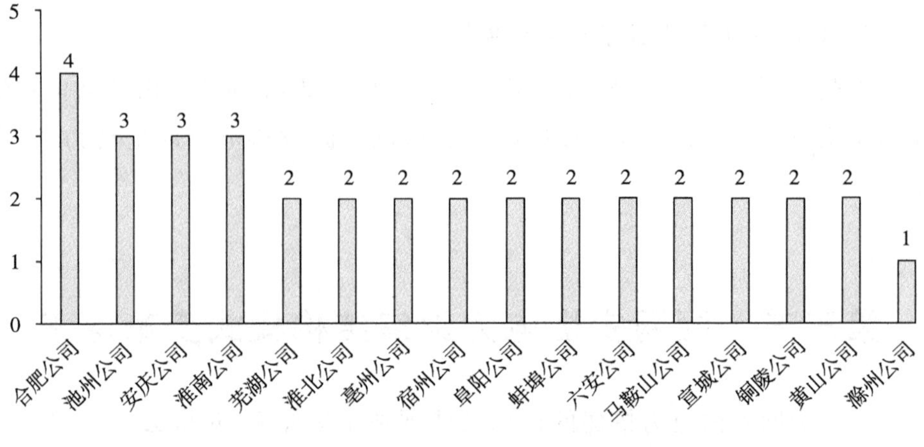

图 2-21 各地市公司网格化服务机构数量

2. 网格化服务机构模式

在各市公司的实践中,形成了几种较为鲜明的网格化服务机构模式,如表2-3所示。一是按照行政区划划分网格,即改变原先城区由相关专业室(电费室、市场室、计量室、配电室)管理、郊区由阳光公司代管的模式,整合原有人力资源,严格按照行政区划设置网格化服务机构。合肥、马鞍山、黄山市等供电公司均采取了此种模式,淮南公司也采取了相近的模式。二是按照城区、郊区划分网格,即按城区、郊区分别设置网格化服务中心。其中,城区网格化服务中心由营销部、运检部下设的专业室重组而成，郊区网格化服务中心基于中心供电所组建而成。蚌埠、芜湖、淮北、亳州、宣城、铜陵、安庆、池州等供电公司均采用了此种模式。三是介于行政区划模式和城区郊区模式两者之间的中间模式，即按照当地历史沿革进行网格化服务机构的划分，郊区仍然由城郊公司管理，仅在城区范围内进行了网格化服务机构划分。六安、阜阳、滁州、宿州等供电公司均采用了此种模式。

表 2-3　三种网格化服务机构模式比较

模式	含义	普及范围	优点	缺点
行政区划模式	严格按照行政区划设置网格化服务机构	合肥、马鞍山、黄山、淮南市4市	弱化城区、城郊的管理差异，推动城乡一体化服务，有利于对接政府。	城乡电网结构有差异，多种网格组织形式并存，用工类型差异大，内部管理增加难度。
城区郊区模式	按城区、郊区分别设置网格化服务中心	蚌埠、芜湖、淮北、亳州等8市	区域变动小，人员组成简单，运作模式相对成熟，机构组建调整过程比较顺畅。	不易推进城乡供电服务同质化管理和一体化发展，在对接政府方面也存在较大难度。
中间模式	按当地历史沿革设置网格化服务中心	六安、阜阳、滁州、宿州市4市	尊重区域人文和地理因素，能够更好地服务当地居民生活和企业生产。	不利于后期优化网格化结构设置，阻力较大，也不易推进城乡供电服务同质化管理和一体化发展。

注：根据《国网安徽电力关于网格化服务机构（营配融合）建设的专项评估报告》整理。

二、综合性班组优化

公司《关于优化市公司内设机构的指导意见》要求：网格化机构可内设营销服务类班组和配电运检类班组，也可设置若干个综合服务班，班组内同时设置营销服务、配电运检类岗位。各地市公司根据本单位建设方案和自身资源情况，形成了各不相同的班组设置方式，典型模式如按照营配融合思路设置班组和未按照营配融合思路设置班组。

(一)班组的界定

班组是在劳动分工的基础上,把生产过程中相互协同的同工种工人、相近工种或不同工种工人组织在一起,从事生产活动的一种组织。综合性班组是网格化服务机构的“最小行政单元”和“前端组织”。班组根据不同划分标准有不同的分类:按专业分为配电运检、带电作业、客户服务等,按流程分为工段、检修等,按空间分为车间、高空等。

(二)班组出现的问题

班组设计在运行实践中,也产生了一些问题。具体如下。

1.“一专多能”员工要求难以实现

虽然亳州公司按照营配融合思路设置了生产班组和综合性班组,但综合性班组存在高低压全专业的融合难以实现的问题。在实际中的运行情况证明,不同电压、不同专业特别是高压业务,其工作性质、安全要求、技术条件、周期、流程差异较大,现有员工的年龄、学历、技能、经验难以适应跨专业、跨电压等级的“一专多能”要求,导致在实际运作中,班组内还有“小班组”。

2.班组效率受原有机构权责制约

与亳州这类按照营配融合思路的公司相比,不按照营配融合思路的铜陵公司、滁州公司则存在班组效率不高的问题。由于班组设置基本延续原营销、配电各个专业室,以至于班组人员只是换了一个地点办公、换了一个部门管理,营配融合还停留在网格负责人内部协调的层面。在业扩报装、故障抢修等作业中,经常涉及多个班组共同参与,从客户感知来看,“一对多”的传统模式没有改变,服务需求响应慢、内部协调环节多的问题没有解决。网格化组织模式并未有相应的权责配备。

(三)综合性班组优化

为配合综合性大班组机构设置改革,解决一线人力资源配置的结构性矛盾,加快业务前端微观组织的优化调整,公司坚持“内部业务协同融合、客户服务一口对外原则”,遵循“同一专业班组合并、相近专业班组融合、跨专业班组协同”的思路，优化班组业务组织模式。根据工作任务的需要，灵活调配人员组建工作团队，协同开展工作，构建融合性微观组织管理新体系。结合公司其他文件精神，综合性班组变革方向整合如下。

1. 同一专业班组实施重组整合

(1)变电运维。结合 110 千伏输变电业务下放，统筹考虑职责优化、变电站数量、工作半径、电网发展等多因素，对现有的变电运维班组进行再整合、再优化。变电运维人员配置不足的，探索例行巡视、变电设备 D 类检修、辅助设施维护等简单工作外委，具备条件的，可行性研究或实施方案通过审批，可引入省管产业单位、省送变电公司等单位实行整站外委，有效解决变电运维操作人员承载力偏高、安全风险增加的问题。

(2)输电运检。紧紧把握带电作业发展方向，加大无人机巡线等先进技术引进和培育，长期职工优先向带电作业类、无人机巡线类班组配置。积极探索向带电运检一体化方向转型，有效推动专业融合、用工提效。输电运检类班组可按线路或区域网格进行优化重组。班组人员年龄结构老化严重的，要加快发展专业团队业务承包责任制，建立“项目经理(长期职工)＋专业团队(外委用工)”组织体系，提升输电运检队伍可持续发展的能力。

2. 专业相近班组实施有机融合

(1)变电检修。一是对于具备条件的人员，可推行变电检修、变电运维一体化，设置变电运检中心，实现变电操作队和变电检修班组有机融合。二是变电检修类班组要由专业型小班组向区域网格化综合性大班组转型，重点是促进小专业融合，减少规模较小、单一工种的班组数量，按区域设置若干网格化平行类班组。现阶段，可整合变电检修、变压器检修、电力电缆、起重吊装等相近一次专业，设置若干综合性一次检修班组。推动继电保护、自动化(厂站端调试检修)、交直流等相近二次专业融合，设置综合性二次检修班组。加快电气试验和油务化验融合，设置试验化验班。远期可进一步实现一次、二次检修融合，推进变电检修能力转型升级。

(2)配电运检抢修。网格化供电服务机构中，配电业务相对独立的，推行配网运检和抢修一体化。整合配电运检、配网抢修、配电电缆等班组，组建综合性的配网运营班，建立网格化、分布式、平行类的班组，实现配网运维、检修、抢修一体化运营服务。

(3)营销支撑服务。整合系统运行、线上渠道运营等班组,设置网络营销服务班。整合室内检定、计量资产业务,组建综合性的电能计量班。在电费核算、账务向省级单位集约后,优化整合地市公司原核算、账务班组,成立电费综合管理班组或转型为电费电价业务监控(管控)班组,根据业务实际保留适量的核算账务人员,负责属地处理核算非政策性退补和账务异常工单。富余人员可充实到网络营销服务班、网格化现场服务班或其他专业岗位。

3. 跨专业班组实现紧密协同

(1)营配专业协同。网格化供电服务机构中,班组人员素质较高、年龄结构较好的,要加快推进低压客户现场服务和配网运营的跨专业班组融合,建立营配一体化的网格班组,在班组网格内实现营销和配电业务的融合。现阶段条件不具备的,原则上不再按专业细分设置多类班组,应建立配电运检、客户服务两类若干班组,同一小网格内两类班组对应协同,实现"一支队伍、一次现场、一次服务"。

(2)规划设计技经协同。规模较小的单位,坚持发展策划部和经研所合署设置,完善规划设计一体化布局,整合原有的规划、设计、技经等小专业室,既实现"管办合一",也形成紧密聚合的一个机构,通过整合资源,准确定位岗位职责、理顺岗位界面,实现三种职能密切协同、相互衔接、有机统一,建立统一高效的运作机制。

(3)信息通信网络协同。加快信息、通信、网络等业务的统一管理和融合,减少"小而全"的专业性班组,立足内部需求,组建现场业务类班组;强化安全稳定,组建系统运维保障类等班组,推动信息通信业务引领公司数字化、智能化转型。

4. 统筹实际岗位和专业室精干设置

(1)精干实际岗位设置。以公司发布的典型岗位名录为基础,加强对实际岗位设置的分析。对于缺员较多的单位,合理精简人员编制数量,适度减少职能部门、班组的实际岗位,加强复合型岗位设置。

(2)精干专业室设置。针对信息通信、物资管理、调控中心等机构内设的专业室,结合实际精心设置。人员配置较少的,具有职能管理或技术指导的相关职责,可将职责整合,设置为管理或技术类岗位,不再设置独立的专业室。确需保留专业室的,可合并相关职责,减少人员数量。

第四节 总结与建议

机构效能评估是一项科学系统的工作,必须有坚实的理论研究加持。支撑“一体四翼”发展布局的电网企业机构效能评估须在电网企业相关组织和人力资源现状上,检视效能目标,剖析机构效能评估面临的问题,提出可行的对策措施。由此,阐发电网企业机构效能评估机制,进而深化应用,探索建立有利于较高机构效能的典型组织机构模式。

一、已进行的理论研究

(一)效能与机构效能

1. 效能

效能是个人或组织在实现目标过程中的效益、效率、能力和效果的统称。能力为输入因素,效率反映过程因素,效益为输出因素,而实现目标的效果决定效能的高低。

2. 机构效能

机构效能体现组织的整体面貌,以及完成组织全部目标的能力、效率、效益和程度,同时衡量企业的社会责任。机构效能在组织层面包括组织目标、态度能力、质量效率和成果效益;员工层面包括员工目标、态度能力、工作效率、成果绩效。机构效能还可以分为组织目标、组织机构、资源投入等平台效能和管理者、观念、规章制度等管理效能。

(二)机构内效能评估及其维度

机构效能评估是评估组织实现自身目标的程度和效果的能力。对机构效能进行衡量时,员工特质、组织创新、内部协调、组织变革、企业社会责任是应该考虑的几个维度。

员工特质维度包括态度与行为、培训与能力、员工满意度等。组织创新是高质量发展的持续动力,受到员工因素、组织特征和知识共享影响。内部协调是管理效能的重要抓手,内部协调效率受组织规模、组织结构、业务流程和组织时间等制约。安全生产和促进就业等企业社会责任是机构效能的非经济目标。

二、国网安徽电力机构效能评估机制

(一)已有机构效能评估的贡献

1. 指标覆盖效能评估的主要方面

考核指标覆盖评估维度"工作效率"和"工作质量"的方方面面,抓住了效能评估的核心内容。

2. 组织运行过程和结果是效能评估核心

过程评估直接决定产出成果和目标的实现,以"工作质量"来评估,结果评估以"工作效率"界定,反映目标实现程度。

3. 定性评估和定量评估相结合

除对机构效能的过程和结果进行定量评估之外,还从机构设置、业务流程及职责分工、队伍建设等进行机构效能的定性评估。

4. 分类组织机构的效能评估可行性强

由于机构特点各不相同,运行过程差别较大,无差别维度的效能评估制约或影响机构效能评估的准确性。

(二)机构效能评估模型的不足

1. 指标体系略有不足

对于企业而言,国网安徽电力机构效能评估应进一步强化理论研究,指导机构效能评估理论模型构建,进而研制科学的评估指标体系。

2. 对机构效能的输入和相关社会责任等维度的关注有所欠缺

从国网安徽电力机构效能评估模型及指标体系来看,核心指标、弱化输入指标和安全性及促进就业的关注被忽视。

3. 指标测量与计算过于复杂，耗时耗力

每个指标都要进行独立测算，耗时耗力，成本过高。稻盛和夫说，真正的管理，是把复杂事情简单化。因此我们应尽可能使用限承的指标数据直接进行分析，降低评估成本，提高评估便捷性，可行性。

4. 组织机构模式搭建应关注权责统一

组织模式调整，人员配备都已到位，出现网格化组织与班组制。但是组织机构内由于缺少赋权明责，新的组织机构并未完全发挥其应有的作用而实现预期的目标。

三、国网安徽电力机构效能评估机制优化思路

综上所述，从理论模型、计算方法、评估流程、结果应用及典型机构模式进行优化。

（一）评估理论模型完善

机构效能评估模型应包括态度、能力、创新、质量、内部协调、数量、满意度七个核心维度和安全、就业两个相关维度，一共九个评估维度，见表 2-5。

表 2-5 机构效能评估理论模型

序号	环节	评估维度	权重	指标	数据来源
1	输入：投入度	态度			
2		能力			
3		创新			
4	转换：运行管控度：效率	质量			
5		协调			
6	输出：目标达成度：效益	数量			
7		满意度			
8	相关环节：社会责任	安全			
9		就业			

（二）指标测算和计算方法优化

选取即取即用的企业运行数据，运用数理统计方法进行数量关系分析，如“内部协调”“员工态度”“就业”等维度的测量，由于没有恰当的一手数据，可用问卷调查方法收集数据，进行系统评估。

（三）评估流程规范

规范的评估流程是获得科学评估结果的保证。机构效能评估流程包括组建评估团队、明确职责、制订评估方案、评估实施、形成报告、结果应用等步骤。机构效能评估流程如图 2-30 所示。

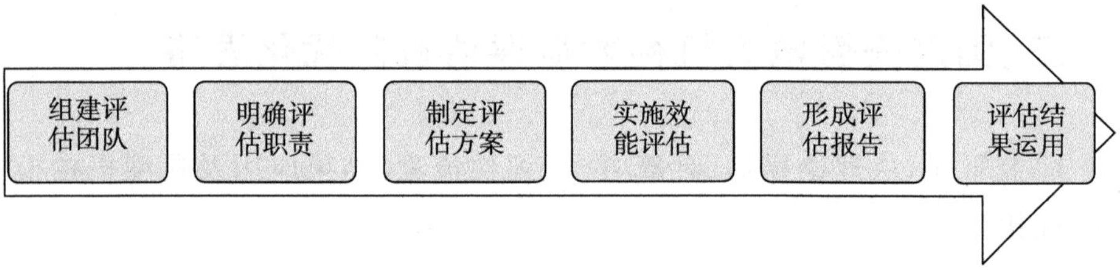

图 2-30　效能评估实施流程

（四）结果应用与典型机构优化

机构效能评估结果应用与优化包括人力资源、物质资源、制度资源等在内的企业资源配置；为进一步探索更为科学合理的典型机构模式指明方向，在组建平台基础上，进行重新赋权，使之成为名副其实的可以发挥预期效能的典型机构。

第三章　国网安徽电力机构效能评估模型构建

评估模型是国网安徽电力机构效能评估的核心内容。在分析、借鉴已有主要机构效能评估模型基础上，形成“目标一维度”匹配的国网安徽电力机构效能评估模型的四个环节、十个维度。

第一节　主要效能评估模型

在众多的机构效能评估模型中，适用电网企业机构效能评估模型的主要有机构效能评估仪表盘、六力模型、六盒模型等。偏重绩效评估的平衡记分卡(BSC)可为构建适用于国网安徽电力机构效能模型提供参考。

一、机构效能评估仪表盘

机构效能评估仪表盘适用于供电企业。机构效能评估仪表盘将影响机构效能的因素从内部、外部、刚性、柔性四个维度进行划分，并根据各个详细列举每个维度对应的若干方面及具体评估指标。组织是管理学中较早出现的名词，关于组织在经典管理学中的定义主要有四个部分：社会实体；有确定的目标；有精心设计的结构和协调的活动性系统；与外部环境相联系。机构效能评估仪表盘从组织的内部、外部、柔性和刚性四个方面提出“组织有效性评估仪表盘”，能完整地评估当下发展中的组织有效性。如图 3-1 所示，组织有内部、外部、柔性和刚性四个方面，两两交叉进而形成四个维度，即执行、适应、协同和控制，再细化为八大变量，从而形成“方面一维度一变量”这一整体评估模型。在此模型的基础上，建立相关评估细项，阐释四个方面、四个维度、和八大变量，定性定量评估完毕，便可以画出组织效能评估结果的态势图。

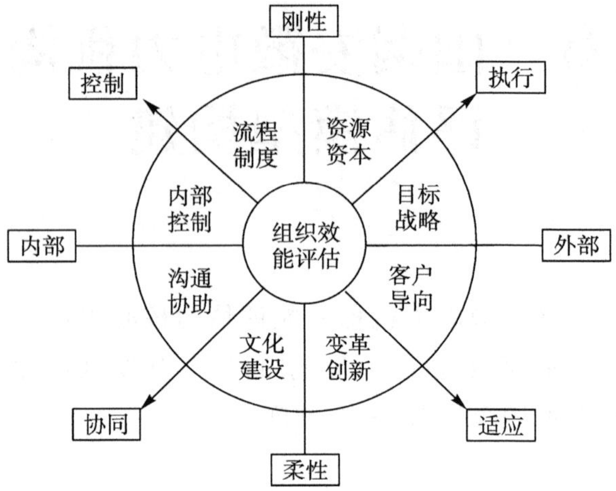

图 3-1　组织效能评估仪表盘

二、六力模型

六力模型适用于市场化产业及金融单位，以及能够充分体现外部竞争和能够较大程度体现市场经济运行规律的机构。六力分别指战略执行力、市场竞争力、组织灵活力、人才凝聚力、客户影响力、文化凝聚力。其中，文化凝聚力是基础，组织灵活力、人才聚集力、客户响应力发挥支撑作用。

（一）战略执行力

战略执行力是一种在战略执行过程中运用各种资源和机制实现战略目标的综合能力。战略执行力既反映了企业整体素质，也反映了管理层领导的观念、素质和心态。它是连接企业战略决策与目标实现之间的桥梁，其强弱程度直接制约着企业经营目标的实现。缺乏强大执行力，企业战略目标将是无本之木，无源之水。企业战略执行力是一个系统的概念。企业战略关注企业的全局性和长远性问题，而战略的执行则是更具体的工作。因此，战略执行力涉及企业管理各个层面。美国哈佛大学迈克尔·波特教授2004年在中国的首次公开演讲时曾说:竞争优势方面的出色表现可以有两种非常不同的方式。第一种是在运行上做到很有效;第二种是战略的定位。这就是说,竞争优势的建立不仅需要好的战略,而且需要有效地执行。

(二)市场竞争力

市场竞争力是指企业根据市场环境和自身资源条件,通过系统化的营销,努力在市场竞争中获得优势,创造顾客价值,达成互利交换,实现企业及相关利益方目标的能力。市场竞争力在企业竞争力理论中占有非常重要的地位。越来越多的研究表明,核心竞争力是企业长期赖以生存和发展的深厚基础,而市场竞争力则是企业核心竞争力中最重要的构成要素。市场竞争力的构成要素主要包括产品创新与开发的能力、质量管理的能力、品牌管理与营销传播的能力、供应链与销售管理的能力、服务与客户关系管理的能力。

(三)组织灵活力

所谓灵活组织机构就是提倡组织机构中摒弃工作人员各司其职的传统管理模式,而代之以人尽其用的、更为自由灵活的新型组织结构的组织。这种灵活组织机构就像资源配置很分散的企业,员工要负责从企业中不同的地方收集他们所需要的支持,而不是仅仅依靠他们的管理者。这依赖于贯穿全企业的横向交流,而不是传统组织的纵向交流。这些新的灵活组织机构更依靠员工自身去解决问题。

(四)人才凝聚力

人才凝聚力就是指企业要充分凝聚人才力量,一是打造一支坚强有力的事业领导者和管理者队伍,造就一支充满活力的企业家队伍。重点培养具有战略眼光、创新思维的优秀企业家和熟悉市场情况、善于开拓经营的高级企业管理者;二是建立健全人才培养机制,运用长远眼光和战略思维,通过个性化教育实践、创新思维型引导训练、交叉学科互融等,建立更加积极、开放、有效的人才培养教育体系,使人才的价值真正得到体现,以最大的诚意留住人才;三是畅通人才流通渠道,给人才跨部门、跨区域锻炼的机会,加大人才提拔重用力度，对于长期工作在基层且表现优秀的人才给予提拔重用机会，增强其工作积极性，最终实现人才资源分配均衡，“广聚天下英才而用之”。

（五）客户响应力

最初关于客户响应力的研究主要集中在市场营销领域，随着服务业的快速发展，企业进一步意识到客户在企业取得竞争优势中的作用。客户需求在不断变化，市场环境也在持续变化。因此，企业应不断地发现客户需求的变化，并及时采取措施对客户需求作出及时响应，提升客户满意度，进而提升客户对企业产品的忠诚度。

（六）文化凝聚力

企业核心竞争力依靠的是人才、技术以及企业文化。若想建立独有的企业文化，必须从以下两个方面着手。一是硬件，比如管理、制度等，这是一个原则性的问题，任何人都不能够逾越，都不能够妥协，也不能够通融。二是软件，比如如何营造一个健康、和谐、文明的工作环境，是企业增强自身凝聚力和向心力的关键所在。换句通俗的话说，一个企业的管理要有人情味，要让员工有归属感和主人翁精神，要给予员工尊重、信任、关怀、教诲、激励和约束，要让他们不愿意走才行。这将充分地调动起员工们的工作积极性，并形成强大的凝聚力和向心力，从而促进企业的快速发展。

三、六盒模型

六盒模型是韦斯伯德于20世纪70年代提出的咨询顾问工具，用于组织自我诊断。它基于组织层面，从微观的视角观察组织“发生了什么”，发现问题并找到解决问题的关键点。同时，它能帮助企业管理者通过组织视角与业务团队、技术团队进行有效对话，确保业务、经营和组织紧密关联。六盒模型适用于公司战略性新兴业务单位，该模型以目标定位为核心，充分关注领导能力、业务增长、协同关系、队伍建设、支撑保障等维度在推动战略新兴产业发展和机构效能提升中的重要作用和影响。六盒模型主要从六个不同层面和深度，对组织进行扫描，以六种能量进行呈现和诠释。

(一)使命/目标

主要关注企业存在的意义及企业创造的价值。它是在战略层面观察扫描企业,对战略定位、客户定位、价值定位进行诊断,反映组织健康度。它是六个盒子中最重要的,决定了企业的整体发展方向。

(二)组织/结构

主要关注组织架构,从组织内分工、"排兵布阵"的角度对企业进行分析、扫描。

(三)关系/流程

关注组织内部合作关系,从组织内部"如何共同完成任务"的角度观察、扫描企业现状,旨在帮助企业有效提升效率,实现目标。

(四)回报/激励

关注企业关于"激发员工动力"方面的现状,观察、了解企业目前通过何种方法激励团队,其中有哪些显性手段,有哪些柔性手段。

(五)支持与帮助

主要关注组织的支持与帮助体系。判断在企业运营过程中实施的所有支持系统,如预算、风控、信息系统等是否有效地帮助组织实现既定目标,支持系统是否存在问题。

(六)领导/管理

"领导/管理"是继"使命/目标"之后第二关键的盒子,主要关注领导力和核心管理层发挥作用的情况。领导力和核心管理效果决定了组织的成长是否符合战略预期。同时,它也是前五个盒子平衡的关键,确保六盒模型有效运转。组织中的领导:要做决策,清晰使命,带领团队做正确的事情。管理团队:要带领团队用科学的方法把事情做正确,提高组织运营效率。

四、平衡记分卡模型

平衡记分卡(BSC)是把公司使命、愿景和战略落实为运营目标,组成四个不同的维度:财务、客户、内部运营流程、学习与成长,从而将企业的战略目标转化为条理清晰的绩效评价体系。平衡记分卡四个维度的相互关系见图 3-2。设计平衡记分卡需依次按照制定战略、规划公司战略、协调公司各部门及员工围绕战略目标协同执行。这与效能评估中检验企业运营成果与发展战略的实现能力是一致的,也将促进形成闭环的效能评价流程。

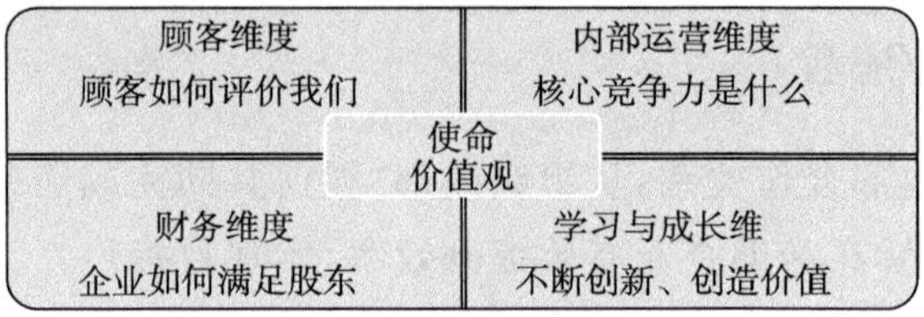

图 3-2　平衡记分卡维度关系图

(一)制定战略

到目前为止,就全世界范围而言,战略规划依然最受高层管理者青睐,也是采用最广泛的管理工具之一。麦肯锡公司最近的调查显示,在被调查的 800 家公司中,有 79%的企业采用了规范的战略规划流程,其中超过半数的公司都认为战略规划对制定公司战略起到了非常重要的作用。在制定公司战略方面,文化企业首先应明晰其使命、价值观及愿景;其次对企业所处的经济、政治、文化环境进行分析,明确自身优势、劣势、机会和威胁,制定公司战略。

(二)规划战略

通过对战略进行具体规划,结合文化企业的特点,制定适合本企业实际情况的战略目标、衡量指标、目标值、工作方案及预算,重在运营实施。通过绘制战略地图、分解战略主题,将战略目标转化为平衡记分卡的指标、目标值和差距。制定可以实现目标的工作方案及预算。一是确定各级指标;二是确定各级指标的权重;三是制定评价方案。平衡记分卡的构建应与层级指标体系相挂钩，指明公司须如何行动才能实现战略目标。笔者以平衡记分卡的四个维度为基础，排列出了某企业的战略目标，以及为了达成这些目标所需的关键成功因素。如下表 3-1 所示。

表 3-1　平衡记分卡四维度

指标维度	战略目标	关键成功因素
财务	满足股东期望 增加企业利润	提高企业盈利水平
		保持企业稳定的资本结构
客户	提高企业的市场占有率	保持企业的市场占有率
		提高产品的竞争地位
内部运营	提高企业的整体水平	提高产品的创新水平
		提高产品的管理水平
		推广企业文化
		实现市场化
学习与成长	提高员工的创造力和满意度	提高员工的创新能力
		保持员工的工作热情和专业胜任能力
		提高文化企业员工的满意度

(三)全面协调

围绕企业制定的战略目标和平衡记分卡，将企业战略与业务单位、职能部门的业绩目标相挂钩，使员工充分理解公司战略。充分调动服务部门与业务单位的协同作用，将员工个人目标、激励方式与业务单位、企业战略目标相结合，提升员工能力。全面协调具体包含以下三个方面的协调。

1. 业务部门协调

将战略地图和平衡记分卡分解至业务部门，同时兼顾其他部门的相关指标。通过层层分解，并有效地配置资金和进行必要的监管，业务部门既可以独立完成业绩绩效指标，又能兼顾与其他业务部门及其他辅助部门的相互协调。

2. 辅助部门的协调

人力资源、财务等部门借助企业和业务部门的战略地图和平衡记分卡，确定可以提供的辅助性服务，以此来协助公司战略目标的实现。辅助部门在为公司战略所提供的工作后，可以再开发一个与本部门相协调的战略地图及平衡记分卡，内容可以涵盖使命、业务部门及员工等。

3. 员工方面的协调

有效地执行战略计划必须有员工的积极参与，必须打破部门间的狭隘思想，激发员工的工作热情，从而产生巨大的创造力和能量。

第二节　评估模型构建逻辑

根据已有经验，构建评估模型一般遵循六个步骤。第一，确定目标，明确此次评估模型构建需要解决什么问题或者所要达成的结果；第二，选择合适的研究视角，以准确把握国网安徽电力的机构运行状况；第三，确定科学合理的评估维度；第四，厘清研究视角与评估目标、评估维度之间的相互关系；第五，考察各个评估维度之间的链接方式，确定合理的评估流程；第六，评估模型成型，体现其整体性和结构性。

一、确定效能评估目标

以机构效能的内涵及企业发展战略分析国网安徽电力机构效能的评估目标，首先要梳理安徽电力机构效能评估的平台效能和管理效能目标，其次是研究各自要达成的目标。

（一）机构效能分类

前文提及机构效能分为平台效能和管理效能两个关联的层次，其各自内容也是不同的。

1. 平台效能

包括一定阶段内组织机构目标、组织结构形式及状态、已具备的人力资源与物力资源、企业文化等。企业文化是在一定的文化背景下，综合考虑发展目标、阶段、策略，以及环境等诸多因素，然后确定文化管理模式。正因为企业文化的价值内容、类型存在差异，才形成文化个性。企业文化作为企业核心竞争力的重要组成部分,它与技术不同,技术可以照搬,但文化不行。在长期的管理中,企业负责人带领员工一起创造了企业文化,突出了文化特色,彰显文化魅力,将文化特质表现得更为突出。企业的持续发展是因为文化适应了企业的现状,激发了企业发展活力。随着市场不断变化,企业文化也应不断进行扬弃、超越,以提高企业的文化品格。管理文化强调以人为本,激发人的主观能动性,通过协调各类管理因素,构筑和谐人际关系,汇聚群体精神。

2. 管理效能

管理效能是指管理部门在实现管理目标所显示的能力和所获得的管理效率、效果、效益的综合反映,包括管理者、观念、体制、规制、技术手段等。近年来,伴随着组织外部发展环境和内部成员需求的变化,新时代的组织管理需要具有足够灵活性、可调整性和变化性。但就结构严密的组织而言,过度灵活可能会产生林格曼效应,从而损伤组织管理根基,将组织推向松散状态。因此我们需要在控制与灵活之间设定必要的硬性标准,并借由软性化策略灵活调整管理措施,使组织具备足够的柔性。

(二)评估要达成的目标

随着社会经济的不断发展,现代企业运营方式逐步发生变化,由以往事务性、行政性的认知管理转向专业性、战略性的资源管理,要求现代企业必须转变管理模式,重构价值链体系。这就需要摸清现状,从数量分析、质量分析和结构分析等维度了解资源配置现状,因此要实现以下机构效能评估目标。

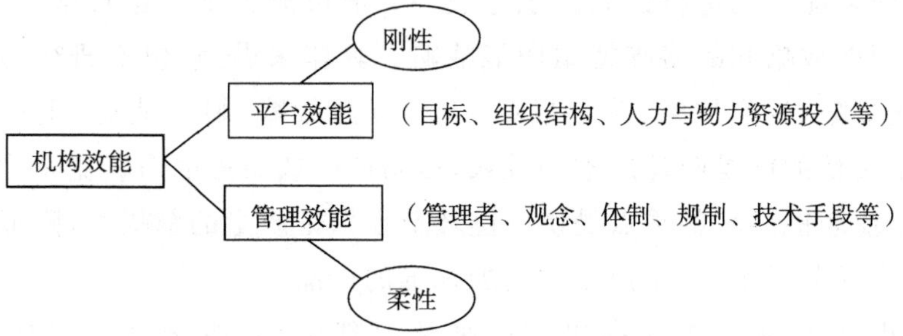

图 3-4 机构效能层次图

一是通过构建评价指标体系、明确对标方式及评价标准，形成组织效能评价结果的系统展示方案、做好组织效能评价结果诊断分析及管理指引工作。

二是开发完善的组织效能评价系统，实现统计维度精细化、数据处理系统化、统计数据公开化。

三是探索数据分析模型，推送数据分析报告，以数据分析进行效能对标分析，推动企业平台效能和管理效能的提升，使资源配置结果透明化，优化群体分配关系，增强整体效能意识，进一步提升企业资源要素投入产出效能。

二、选择视角

基于战略视角和社会责任视角，探索适用于构建机构效能评估模型的研究视角，进一步提升评估模型的实用性及评估结果的准确程度。从组织角度看，模型的视角是基于运营环节的价值链与企业职能战略、经营单位战略和总体战略的契合。从外部环境看，企业社会责任是组织机构效能研究不可或缺的重要的内容。

（一）SOR 运营环节

从组织角度进行分析，可以将企业战略划分为总体战略、经营单位战略与企业职能战略三个层次，企业职能战略服务于总体战略和经营单位战略，所以企业职能战略又称职能支持战略，它按照总体战略或经营战略对企业内各方面职能活动进行谋划。职能战略一般可分为生产运营型战略、资源保障型职能战略和战略支持型职能战略。具体来讲，它包括研究与开发战略、供应战略、生产战略、营销战略、人力资源战略、财务战略，重点在于实施，其主要目的就是降低成本的投入，提高产品或服务的市场竞争力。短期来看，企业职能战略的重点是供应链环节在保证质量的前提下，降低采购成本和生产环节成本，为用户提供更加标准的产品。

SOR 本是认知主义提出的一种学习理论，是指刺激—机体—响应(Stimulus-Organism-Response，S-O-R)理论模型。后被交叉引用到经济学研究中，刺激(S)表示输入、投入，机体(O)表示生产、转换，反应(R)表示结果、输出。如果从企业生产运营角度看，企业的 SOR 运营环节就分为三大组成部分：投入、生产、输出，是企业价值链的主要组成部分。

（二）价值链分析与企业职能战略

企业职能的研究与开发战略、供应战略、生产战略、营销战略、人力资源战略、财务战略等基本是沿价值链分布的。战略成本分析是指为了获取成本优势、实现战略成本管理的目标，以行业价值链为基础，逐项比较公司的每项经营活动的成本，准确地找出成本优势或劣势根源的综合成本分析。结合企业组织机构效能的战略成本分析企业的成本与收益关系，并与 SOR 运营环节相契合，见图 3-3。

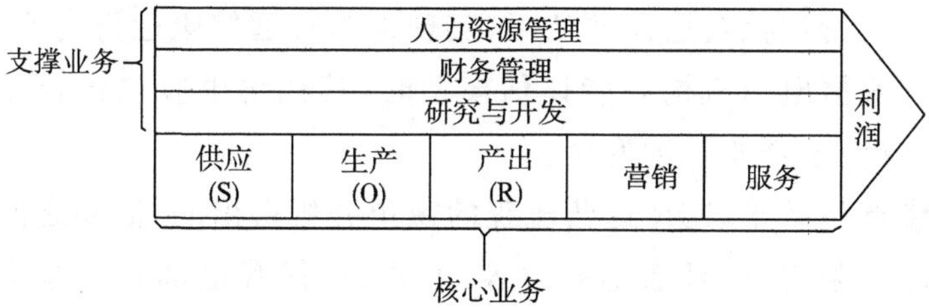

图 3-3　企业价值链与 S-O-R 运营环节

（三）社会责任观

社会责任观视角下的企业目标要求企业关注相关群体和社会环境的利益，以履行企业的社会责任。基于社会责任观视角构建企业目标，就是要把企业的经济任务和企业的社会责任紧密结合起来，引导企业主动履行社会责任。这意味着企业在合理追求利润的同时，应该把承担社会责任提到更高的位置。

企业在构建管理目标时应该充分地考虑自身的社会贡献价值。首先，把积极履行社会责任和作出社会贡献纳入企业全局发展战略中，制定相应的管理目标。其次，通过关心公共事业、建立和维护友好的公共关系等具体行为，为整个社会作出自己的贡献。因此，电网企业要在公共就业、生产安全，以及生态环境等领域作出贡献。

(四)启示

从战略视角分析得出,若想为组织的长远发展奠定良好基础,首先要明确组织的目标,在确定组织整体目标的情况下,合理配置包括人力资源在内的、一切可以调动的资源;其次,要能够通过有效竞争来扩大组织自身在市场的影响力和占有率,形成组织自身特有的持续性竞争优势。因此,有关国网安徽电力机构效能评估模型视角的选择应统筹企业职能战略、社会责任,整合价值链和成本战略。

从社会责任视角分析得出,一个组织若想实现管理目标,就必须在履行企业基本责任的同时关注群体和社会环境的利益,积极履行社会责任,从而获得政府的支持和社会居民的认可,实现组织长远健康运行的愿望。因此,在构建国网安徽电力机构效能评估模型时,其视角也应包含企业的社会责任方面,这有助于企业长远发展。

研究模型是基于 SOR 运营流程的视角分析得出的,活动之间不仅有严格的先后顺序限定,而且活动的内容、方式、责任等也都必须有明确的安排和界定,活动与活动之间在时间和空间上的转移可以有较大的跨度。而狭义的业务流程,则认为它仅仅是与客户价值的满足相联系的一系列活动。

三、维度剖析

锚定公司战略目标,明确各个模型的评估重点及主要指标,厘清各指标的考察要点,为构建适用于国网安徽电力的机构效能评估模型提供有价值的参考。首先,创新是组织管理的一项重要内容,是决定组织发展方向、发展规模、发展速度的关键要素,是企业获取持续竞争优势的源泉。创新贯穿在组织的每一个部门、每一个细节中。其次,社会责任深刻体现了一个组织的组织文化和组织价值观,企业有义务,也有责任积极承担社会责任,为环境、消费者、社会作出贡献。因此,通过参照戴维·尤里奇 14 项组织效能指标维度及中国移动卓越指标体系,可考虑将“创新”与“社会责任”纳入考核维度中。

(一)戴维·尤里奇14项组织效能指标维度

戴维·尤里奇认为,真正的HR转型是聚焦业务的,通过人力资源管理转型提升组织能力。组织能力代表了一个企业如何提供价值,既是投资者关注的无形资产,也是客户关注的公司品牌、员工行为。为了衡量、监控组织能力,尤里奇提出了14项组织效能指标,即人才、速度、共同的思维模式、问责制、协同、学习、领导力、客户连接、创新、战略一致性、精简化、社会责任、风险、效率。这是电网企业机构效能评估维度可以借鉴的地方。

(二)麦肯锡7S模型

麦肯锡7S模型指出企业在发展过程中必须全面地考虑各方面的情况,包括结构、制度、氛围、员工、技能、战略、价值观。企业可通过以上7个维度对自身进行系统分析与诊断。

麦肯锡7S模型提出战略、结构和制度是企业成功经营的“硬件”,氛围、员工、技能和价值观是企业成功经营的“软件”,强调“软件”和“硬件”对企业发展同样重要。具体如图3-5所示。企业机构效能评估应“软”“硬”兼施。

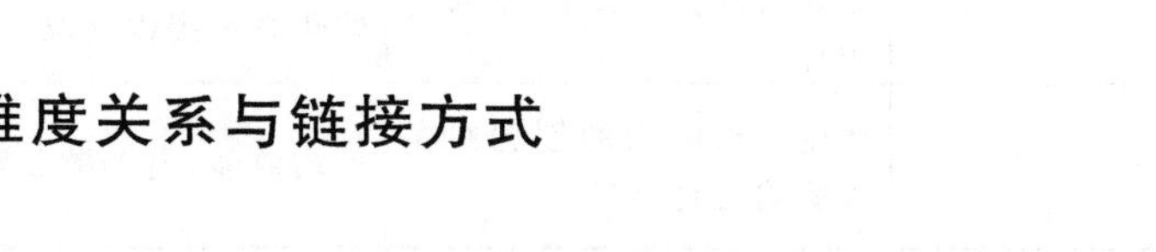

图3-5 麦肯锡7S模型的“软件”和“硬件”

四、维度关系与链接方式

此处主要分析戴维·尤里奇14项组织效能指标维度和麦肯锡7S模型这两个有代表性的效能评估模型的维度、维度关系和链接方式,深入剖析其内涵。

(一)戴维·尤里奇14项组织效能指标维度

1.14个维度

尤里奇教授认为HR转型应有两类成果:一是"利益相关者期望"得到满足;二是提升组织能力。接下来,我们将分享有关追踪"组织能力"的14项指标的内容,同时包含了对指标的解释。

表3-2 14项组织能力指标维度

序号	维度	含义	衡量指标示例
1	战略一致性	表述和沟通战略观点,对目标、计划、行动达成共识	认知、流程、行为、指标的战略一致性
2	共同的思维模式	保持组织在客户和员工心中的积极形象,并使客户和员工从组织中获得良好的关系体验	品牌认知度、员工满意度
3	领导力	在整个组织范围内培养"领导者",他们能够以正确的方式交付正确的结果	后备储备比例
4	客户连接	与目标客户建立持久的信任关系	客户满意度
5	人才	吸引、激励和保留胜任且对企业具有认同度的员工,圈牢顶级人才	人均效能、员工敬业度
6	速度	让重要的变革快速启动	库存周转率、资金周转率、交货时间
7	问责制	制定有助于催生高绩效的规则	绩效推行比例、绩效反馈面谈比例
8	协同	跨越边界开展工作,包括专业、部门、组织内外部的边界	人才内部流动率、创意推广率、一体化方案提供情况
9	学习	产生有影响力的创意并在组织内进行推广	人均效能、员工敬业度

续表

序号	维度	含义	衡量指标示例
10	创新	实施创新，无论是在内容上还是在流程上	过去三年中的新产品/服务制造的收入(利润)百分比
11	精简化	保持战略、流程和产品的精简化	单项活动所占用的时间、单位成本
12	社会责任	为更广泛的公众利益作出贡献	社会声誉能够通过外部机构评比的企业声誉来衡量
13	风险	预测风险、管理风险	员工流失率提高、生产率下降
14	效率	有效管理运营成本	产品成本、劳动力成本、资金成本

(1)战略一致性。战略一致性促进员工树立与组织相一致的目标，明确努力方向，在实现组织利益的同时兼顾员工的个人利益。

(2)共同的思维模式。共同的思维模式代表了企业身份的一致性，即企业的外部形象(品牌、声誉)与企业内部的文化间保持一致。

(3)领导力。领导者负责任务分配和资源调动，提高领导力的有效性才能保证工作质量，提升组织效能。

(4)客户连接。与客户建立有效连接，在留住老客户的同时努力吸引新客户，这样组织的市场竞争力才能有效提升，保障组织的长远健康发展。

(5)人才。吸引、激励和保留胜任且对企业具有认同度的员工，圈牢顶级人才能使组织健康运行，增强组织人才储备，这是组织发展必不可少的宝贵资源。

(6)问责制。问责制确保组织责任落到实处，同时也起到监督控制的作用，提高运行效率和运行质量，让员工参与评价以合理分配报酬，提高员工心理满意度。

(7)协同。协同就是跨越边界开展工作，包括专业、部门、组织内外部的边界，通过在服务、技术、销售体系方面的共享或者通过规模经济整合组织，进而提升组织效率。

(8)速度。这意味着组织可以快速识别并进入新的市场，快速开发和交付新的产品和服务，快速与新员工确立合作关系，以及快速实施新的业务流程。

(9)学习。学习是提升组织竞争力的源泉,因为它会推动成长。

(10)创新。创新会使员工在聚焦未来的可能性时感到兴奋与鼓舞,这将使他们愿意预见客户需求,这也将使他们可以通过创造无形的价值来树立投资者的信心。

(11)精简化。事实证明,质量管理、六西格玛以及精益生产能够帮助组织减少波动性、实现流程再造。这种简化体现在顾客的购买体验中、产品设计流程中以及职能管理的流程中。

(12)社会责任。社会责任的担当有多种表现方式,如企业捐赠、慈善活动,均表现了服务所在社区的承诺,可持续发展或者减少碳排放量也是"社会责任"的体现形式。

(13)风险。通过管理风险,组织预测未来的能力可以得到加强,可以有效减少成果的波动性,从而使风险减少。

(14)效率。持续改善方法或者其他提升生产效能的措施能成功完善流程,包括降低波动性,在工作过程中减少操作环节,减少库存和工作区、保障产品和服务的及时提供等。

2. 维度关系

战略一致性要求在工作认知、业务流程、工作行为、指标体系等方面保持协调一致,包含三个层面。第一个层面,是让更多声音参与到战略制定的过程中,最大程度地减少公司内部的沟通成本;第二个层面,是让全体公司员工都能了解战略,让大家拧成一股绳,这是战略宣传的核心工作目标;第三个层面,是让战略落到实际的工作中,通过特定的职能牵头,协同相关职能共同完成战略管理的要求,这是战略执行与监控的核心工作,体现在经营计划中的目标、策略、行动方案、重点战略项目管理中。这是提升组织效能的前提条件。

基于组织战略一致性,促使组织成员形成共同的思维模式,保持组织在客户和员工心中的形象,进而提升品牌认知度和员工满意度。领导力是帮助员工有效发挥自身优势的保障,指导员工以正确的方式完成工作,从而在提升组织效能的同时为组织发展提供人力储备,吸引、激励和保留胜任且对企业具有认同度的员工,圈牢顶级人才。加强员工的学习,提高员工工作技能。在保证组织内部稳定运行的同时,与客户建立持久的信任关系,在留住

老顾客的同时，努力吸引新顾客。积极在推动变革的过程中建立必要的问责制度，提升变革的准确度和严谨性，从而提升组织绩效。此外，积极组织创新活动帮企业获取持续性竞争优势，提升企业在市场中的竞争地位，同时要注意组织活动和组织部门的精简化以减少不必要的时间和资源的浪费，提高组织运行效率，注意风险评估为组织活动保驾护航，并且要积极履行社会责任，为社会发展进步作出贡献。

3. 链接方式

尤里奇 14 项组织效能指标分析主要以定性分析和定量分析相结合的方式。其中，领导力、速度、问责制、创新、协同、精简化、风险以及效率为定量分析，而战略一致性、共同的思维模式、客户连接、人才、学习、社会责任为定性分析。定性分析和定量分析具有统一性，两者之间存在着不可分割的联系。这种不可分割的联系取决于它们各自反映了所测量的组织效能的不同侧面，通过定性分析与定量分析要相结合，使评估结果更加准确、更具参考价值。

（二）麦肯锡 7S 模型

1. 7 个维度

（1）战略。战略是企业根据内外环境及可取得资源的情况，为求得企业生存和长期稳定的发展，针对企业发展目标、达到目标的途径和手段的总体谋划，它是企业经营宗旨的集中体现，是一系列战略决策的结果，同时又是制定企业规划和计划的基础。

（2）结构。战略需要健全的组织结构来保证实施。组织结构是为战略实施服务的，不同的战略需要不同的组织结构与之对应，组织结构必须与战略相协调。

（3）制度。企业的发展和战略实施需要完善的制度作为保证，而实际上各项制度又是企业精神和战略思想的具体体现。所以，在战略实施过程中，应制定与战略思想相一致的制度体系，要防止制度的不配套、不协调，更要避免背离战略的制度出现。

（4）风格。杰出企业都呈现出既“中央集权”又“地方分权”的宽严并济的管理风格，他们一方面让生产部门和产品开发部门极端自主，另一方面又

固执地遵守着几项流传久远的价值观。在一个有力的系统组织中,员工要依据公司的整体设计观念来考虑,而不是单独的个性。

(5)员工。战略实施还需要充分的人力准备,有时战略实施的成败取决于有无适合的人员去实施,实践证明,人力资源准备是战略实施的关键。

(6)技能。在执行公司战略时,需要员工掌握一定的技能,这有赖于严格、系统的培训。

(7)共同的价值观。价值观念具有导向、约束、凝聚、激励及辐射作用,科学的激励措施能够激发全体员工的工作热情,统一企业成员的意志和欲望,齐心协力地为实现企业的战略目标而努力。

2. 维度关系

在麦肯锡 7S 模型中,战略、结构和制度被视为企业的"硬件"。战略:从长远的角度统合综效、整体规划,建立、保持、加强组织的竞争优势结构:组织结构图显示了工作是如何被分解及整合的。结构:体现了明确的责任分工。制度:反映了各系统环节中成员的工作方式及成员间相互合作的状态。贯穿日常活动和各项流程。这套模型中的风格、人员、技能、共同价值观被视为企业的"软件"。共同价值观:组织内部认为的"正确的"动机和想法,是贯彻在组织文化和日常工作中的核心价值观。风格:管理者的管理方式、思维模式、行为风格。人员:组织内的员工及其综合能力,战略实施需要充分的人力准备,其成败取决于有无适合的人员去实施。技能:组织工作中所需要的实际技能和能力。

3. 链接方式

7S 模型的七大要素必须要协同匹配。具体流程如下:第一步,共同价值观与组织战略、结构、制度是否相匹配?如果不匹配,需要如何改变?第二步,"硬件"部分各元素之间是否相互匹配?如果不匹配,需要做哪些改变?第三步,"软件"是否支持"硬件",各项"软件"元素之间是否相互匹配?如果不匹配,需要如何改变?管理者运用这七个模块,分析组织变革可能会造成的影响,在实施并购后更好地融合相关部门,高效地实施战略意图。

五、成型

在探究如何评价、提升组织机构效能前,首先要明晰机构效能概念背后

指向的两个问题：一是组织配置的合理性；二是组织工作的效率。基于对这两个问题的回答，叠加不同的业务发展阶段和商业逻辑，经过层层分解，构建符合企业自身的组织效能评价体系。组织机构效能评价指标维度的构建过程如下。

（一）深入了解业务

评价一个企业效能的好与坏，首先要知道其业务是什么，在搭建组织效能评价模型前，需要对企业的业务有一个深入的了解。

1. 所处行业要解决的问题是什么？

2. 目前行业内的标杆企业有哪些？

3. 制约行业发展的瓶颈是什么？

4. 企业的成本构成和收入来源。

5. 目前企业的发展阶段和取得的成绩。

（二）锁定核心指标

聚焦企业目前业务发展阶段的战略需求，确定业务评价维度，进而通过与人均生产率和人员费用产出率关联，构建机构效能评价体系。

1. 现阶段企业核心战略是提高营收能力。

2. 企业核心业务人员构成是哪些。

3. 针对不同人员的业务分工，确定核心业务指标，进而确立组织效能指标。

（三）修正评价指标

在根据阶段战略目标和业务分工完成初步组织效能指标体系后，要在具体业务工作下进行校验，通过深入业务一线，观察实际工作情况，验证这些数据是否能反映真实工作情况、是否可付诸行动，只有经过验证的指标，才能成为业务管理的抓手、业务决策的依据。

（四）实现数据采集

通过以上三步，完成了组织效能评价体系的建模，是否能够及时、准确地进行数据采集，则需要澄清以下问题：

1. 各指标数据的含义和统计口径。

2. 哪些数据统计节点是目前缺失的？

3. 是否需要补充数据？

第三节 国网安徽电力机构效能评估的目标

本节立足国网安徽电力的国有企业性质，提出符合其组织发展的目标要求，进而明确机构效能评估重点，指明机构效能明评估方向。确定机构效能评估目标是评估模型的逻辑起点。

一、国有企业分类

（一）按照主营业务和核心业务范围分

根据国资委、财务部、发展改革委于 2015 年共同发布的《关于国有企业功能界定和分类的指导意见》，国有企业可界定为商业类和公益类两类，两者区别如下。

1. 发展目标不同

商业类国有企业以增强国有经济活力、放大国有资本功能、实现国有资产保值增值为主要目标。公益类国有企业则以保障民生、服务社会、提供公共产品和服务为主要目标。

2. 运行方式不同

商业类国有企业必须按照市场化要求运作，依法独立自主开展生产经营活动，在竞争中优胜劣汰。公益类国有企业要引入市场机制，必要的产品或服务价格可以由政府调控。

3. 改革方向不同

商业类国有企业由市场决定资源配置，是独立市场主体。公益类国有企业采取国有独资形式，可视条件进行混改，通过购买服务、委托代理等方式，鼓励非国有企业参与经营。

4. 实施分类监管

商业类国有企业，要坚持以管资本为主，管好资本布局、提高资本回报、规范资本运作、维护资本安全。公益类国有企业以提供公共产品、公共服务作为重要监管内容，接受社会监督。

5. 进行分类考核

商业类国有企业总体看偏经济效益评估。公益类国有企业重点考核成本控制、产品质量、服务水平、营运效率和保障能力，考核中要引入社会评价。

（二）按照管辖范围划分

按管辖范围，国企可分为地方国企和央企。一般来说，地方国企的生产资料归地方人民所共有，有省属国企和市属国企等；央企归国家部委管理。具体如图 3-6 所示。

实际上，央企有三种类型。一种是由国务院国资委管理的企业。这些企业涉及电力、能源、化工、交通、航天等行业；另一种是由银保监会管理的企业，涉及银行、投资、保险等行业；最后一种是由财政部管理的企业，如中国烟草总公司、中国邮政公司等。

（三）按照业务类型划分

国有企业是指国务院和地方人民政府分别代表国家履行出资人职责的国有独资公司及国有资本控股公司。按照业务类型划分，可分为垄断性国企和竞争性国企。

1. 垄断性国企

垄断性国企是指业务范围由国家授权，并且垄断经营的企业。一般涉及一个国家的经济命脉，如交通、石油、通信、军工等规模宏大、地位重要的行业。

2. 竞争性国企

竞争性国企包括具有公益性质的国有企业和竞争性的国有企业。前者如石油、石化、电网、通信等领域的国有企业，在地方层面包括供水、供气、污水处理、公共交通、地铁等方面的国有企业。后者如宝钢、中粮、一汽、中国建材等。

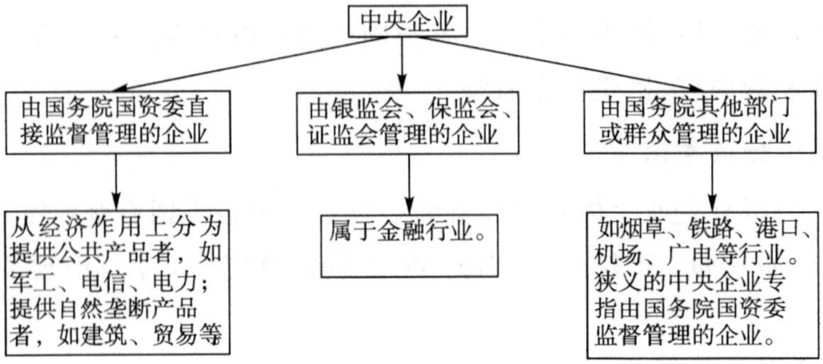

图 3-6　央企分类图

二、国有电力企业效能评估目标

机构效能评估目标源自组织战略目标。机构效能评估目标主要分为平台目标和管理目标两个方面。

(一)平台效能评估目标

1. 组织结构

组织结构主要包括企业组织机构设置、岗位设置和人员编制的优化调整。通过对企业整个组织体系的优化调整，使人力资源达到并保持在合理配置状态，形成精干的组织机构和员工队伍，不断提高劳动生产率和企业效率，实现企业战略发展目标。合理的组织架构有助于减少公司运作过程中处理各项事务流程的不确定性，明确工作内容，澄清员工所关心的问题，因此在评估机构效能过程中应搭建一个合理的组织，具体如下：

(1)组织内各部门有相互协调和沟通的通道。科学的组织框架要能够给各个部门提供清晰的汇报和沟通平台。一般而言，汇报平台有两种：一是例会，各部门之间进行汇报和交流；二是向直接主管领导进行汇报。阶段性的例会能增强公司的凝聚力，激发员工的斗志等。向直接主管领导汇报，可以给公司提供直接有效的经营数据，并能及时发现各部门员工之间存在的问题，然后进行有效的解决。

(2)组织架构需要满足未来3～5年的发展规模和需要。除对公司全体员工起到很好的定位作用之外,还能让员工了解公司的发展方向和前景,从而容易产生归属感。

(3)组织架构内,各部门职责清晰明确,员工晋升通道畅通。在企业里至少有三方面的要求:晋升渠道的清晰和畅通,薪酬体系的明晰并拥有上升通道,工作的幸福感和归属感。

2. 资源配置

要合理配置资源,必须做到以下几点:

(1)优化配置资源。使全社会资源生产总量与使用总量平衡,资源的生产结构与需求结构一致,全社会资源配置合理。

(2)节约使用资源。努力降低消耗,有效使用,对贵重稀缺资源,可采取替代措施。

(3)保证重点产业对资源的需要。根据重点产业对资源的要求,重点支持国家重点产业和企业的生产。资源配置的方法主要有计划配置和市场调节配置。

3. 业务流程

通过不断发展、完善、优化业务流程,从而保持企业竞争的优势。把直线职能型的结构转变成平行的流程网络结构,优化管理资源和市场资源配置,实现组织结构的扁平化、信息化和网络化。

(二)管理效能评估目标

1. 管理者观念

优秀的管理者应做到以下几点:

(1)信息、数据的实时共享。实现业务运转状态的可视化,极大地提高各个层级信息搜索的效率。同时,通过针对特定信息的定点定人推送,提高人们的行动效率。

(2)利用数字技术,基于数据+算法,以数据的自然流动改进业务流程,缩短流程的周期和优化资源配置效率。

(3)建立基于业务概念推演出的结果或需要的模型和基于数据+算法的决策模型,提高业务预测和决策的效率。

(4)突破传统金字塔组织结构的约束,构建一个高频的、多中心的、多任务的、短链路的决策机制,以充分激活决策的效率。

(5)建立以积极、主动、责任、协同和诚信为主体的自驱平台工作文化,以提高员工面对变化而进行自调节、自我管理的能力。

2. 规章制度

企业应不断完善各项制度及岗位流程,合理配置人员,充分发挥“三定”的优势(定岗、定编、定员),挖掘人力资源的潜力,增强企业素质,提高经济效益。在机构效能评估过程中,规章制度应达到以下目标:

(1)依法制定的规章制度可以保障企业合法有序地运作,将纠纷降低到最低限度。

(2)好的企业规章制度可以保障企业的运作有序化、规范化,降低企业经营运作成本。

(3)规章制度可以防止管理的任意性,保护职工的合法权益;对于职工来讲服从规章制度比服从主管任意性的指挥更易于接受,制定和实施合理的规章制度能满足职工公平感的需要。

(4)好的规章制度通过合理地设置权利义务责任,使职工能预测到自己的行为和努力的后果,激励员工为企业的目标和使命努力奋斗。

(5)良好的规则制度能为企业节约大量的人力物力,为企业的正常运行提供保障。

3. 技术手段创新

技术创新是实现企业发展的关键。通过机构效能评估,了解当前国网安徽电力技术手段创新的现状,掌握其特征,找出国网安徽电力在创新过程的短板,对症下药,提高创新水平。

4. 财务指标

中国《企业财务通则》中为企业规定的三种财务指标为:偿债能力指标,营运能力指标,盈利能力指标。评估财务指标主要是为帮助国网安徽电力实现以下目标:

(1)从企业或项目角度出发,分析投资效果,评价项目竣工投产后的获利能力。

(2)确定进行某项目所需资金来源,制定资金规划

(3)估算项目的贷款偿还能力。

(4)为协调企业利益和国家利益提供依据。

第四节 国网安徽电力机构效能评估维度

首先,根据前文研究的机构效能评估要素,整合形成国网安徽电力机构效能评估维度,为构建进一步的指标体系奠定基础;再次,厘清各维度之间的内在联系,全面认识各维度模型的内在合理性。机构效能评估维度是国网安徽电力机构效能评估模型的基本框架。

一、国网安徽电力机构效能评估维度框架

基于第一章的第二节“机构效能理论研究”及第三章的第二节“SOR运营环节”等内容,结合国网安徽电力实际情况,得出国网安徽电力机构效能评估维度框架。表3-4则详细展示了此次效能评估各个环节所包含的维度。

表3-4 机构效能四环节、十维度

序号	基于SOR的生产运营环节	评估维度
1	输入:投入度	态度
2		胜任能力
3	转换:运行管控度:效率	创新
4		质量
5		内部协调
6	输出:目标达成度:效益	数量
7		满意度
8	相关环节:社会责任	安全
9		就业
10		生态环境

二、模型维度解析

国网安徽省电力机构效能评估主要有态度、胜任能力、创新、质量、协调、数量、满意度、安全、就业与生态环境10个维度。

(一)态度

态度主要是指员工和管理者的态度,如员工的工作态度是否严谨认真,管理层是否具有社会责任感、凝聚力和亲和力。员工的态度可决定团队的整体效能。

1.员工态度影响工作氛围

骨干员工积极向上的工作态度可对团队其他员工起到带动和引领的作用,同样个别员工的不良态度或消极情绪也会影响整个团队工作氛围。

2.可帮助管理层判断决策是否正确或符合“民意”

企业某项政策或决定的制定、颁布,其实际效果、反响如何可从员工的态度反馈中获得,帮助管理层及时改善不足。

3.可增加员工对企业的忠诚度

员工态度得到上级重视,可让员工看到企业以人为本的理念,相信企业的发展前景,激发工作热情,避免人才流失。

4.可让领导更具亲和力和凝聚力

通过直接沟通或侧面了解员工态度,并设身处地地替员工着想,采纳员工的正确意见或建议,维护员工的切身利益,可得到下员工的认可、信任和拥护。

5.可帮助管理层挑选优秀员工

员工态度可反映出员工的性格和工作作风,了解员工态度以发现、提拔具备工作能力和潜力的员工成为团队的中坚力量和管理层的后备力量。

(二)能力

能力是员工成功进行职业生涯管理所需要的累积性知识与技能,哈佛大学教授 McClelland 指出,“能力”是一种个人的深层次特征,通过考察能力,能将卓越成就者与普通者区分开来。综合来看,能力主要包括管理自我、管理他人、管理任务三个模块,具体如表 3-5 所示。

表 3-5　能力模块

模块	胜任素质	维度
管理自我	成就导向	自我愿景、勇于挑战、承受压力、追求卓越
	学习创新	学习意愿、学习策略、学以致用、创新意识
管理他人	团队管理	团队合作、部署培育、有效激励、塑造文化
	沟通协调	有效表达、用心倾听、积极反馈、冲突解决
管理任务	客户导向	服务意识、挖掘需求、有效响应、持续共赢
	计划管理	计划制定、时间管理、执行能力、结果导向

总之,关于能力的目标要求主要有以下几点:

1. 通过按指令做事作做出贡献

学习本岗位工作所需的知识和技能;具有初步的、较为基本的技术和胜任力;积极学习相关的专业经验和知识。

2. 通过自己独立工作而作出贡献

具有独立完成工作所需的知识和技能;开始发展相关领域的知识。

3. 通过自己技术专长而作出贡献

具有独立完成工作所需的知识和技能;能够为他人提供一些专业支持;跟踪本专业的发展动态,娴熟掌握相关知识。

4. 通过他人而作出贡献

具有深度和广度相结合的专业知识和技能;具有创新思想和方法;为他人提供有效的指导;为他人提供业绩增长的机会。

5. 通过战略远见而作出贡献

可根据专业判断制定战略;推动专业水平的发展;专业水准为同行认可。

其中,通过按指令做事而作出贡献、通过自己独立工作而作出贡献、通过自己技术专长而作出贡献体现了胜任力“管理自我”模块;通过他人而作出贡献体现了“管理他人”模块;通过战略远见而作出贡献体现了“管理任务”模块。

(三)创新

1. 创新的内涵

创新包括制度创新、技术创新和管理创新。制度创新指引入新的企业制度,以适应企业面临的新情况或新特点。技术创新指一种新的生产方式的引入,这种新方法可是建立在一种新的科学发现的基础上,可以是以获利为目的经营某种商品的新方法,也可以是工艺上的创新。管理创新指企业把新的方法、手段、模式等要素或引入企业管理系统的创新活动。

2. 创新的方向

企业组织创新的方向就是要建立现代企业制度,真正做到“产权清晰、权责明确、政企分开、管理科学”。企业的组织创新,要考虑企业的经营发展战略,要对未来的经营方向、经营目标、经营活动进行系统筹划;要建立以市场为中心的市场信息、宏观调整信号及时作出反应的反馈应变系统;要不断优化各项生产要素组合,开发人力资源;在注重实物管理的同时,应加强价值形态管理,注重资产经营、资本金的积累;等等。

3. 创新的主要内容

企业组织创新的主要内容就是要全面系统地解决企业组织结构与运行以及企业间组织联系方面所存在的问题,使之适应企业发展的需要。具体目标包括企业组织的职能结构、管理体制、机构设置、横向协调、运行机制和跨企业组织联系六个方面的变革与创新。

(四)质量

工作质量是指与质量有关的各项工作,对产品质量、服务质量的保证程度。它主要在于按质按量完成项目指标,任务完成率高、不返工,产品质量达到要求,不仅要管好产品本身的质量,还要管好质量赖以产生和形成的工作质量,并以工作质量为重点。工作质量取决于企业员工的素质,包括员工的质量意识、责任心、业务水平等。企业决策层(以最高管理者为代表)的工作质量起主导作用,管理层和执行层的工作质量起保证和落实作用。就国网安徽电力而言,主要是指降损增效、基建工程计划执行能够准确完成、基建工程设计质量得到有效保障。此外，质量目标也要求结算按期完成率达到组织标准，保证信息网络安全运行，降低用户平均停电时间，保证及时供电等。

（五）协调

协调主要是指内部人际关系的协调、内部组织关系的协调、与建设单位的协调、与政府部门及其他有关单位的协调。内部人际关系的协调是指人员的搭配能够做到能力互补和性格互补，人员配置要做到尽可能少而精，所有员工职责分明。内部组织关系的协调是指在职能划分的基础上设置组织机构，根据工程对象及委托管理合同所规定的工作内容，确定职能划分，并相应设置配套的组织机构；明确规定每个部门的目标、职责和权限，最好以规章制度的形式作出明文规定；事先约定各个部门在工作中的相互关系。与政府部门及其他有关单位的协调是指项目管理人员严格按照有关法律、法规、标准开展工作，主动接受政府有关部门的监督，积极配合政府部门进行的质量、安全检查工作。

（六）数量

数量主要是指企业的产能。产能是指在计划期内，企业参与生产的全部固定资产，在既定的组织技术条件下，所能生产的产品数量，或者能够处理的原材料数量。生产能力是反映企业所拥有的加工能力的一个技术参数，它也可以反映企业的生产规模。每位企业主管之所以十分关心生产能力，是因为他随时需要知道企业的生产能力能否与市场需求相适应。当需求旺盛时，他需要考虑如何增加生产能力，以满足需求的增长；当需求不足时，他需要考虑如何缩小规模，避免能力过剩，尽可能减少损失。数量主要是指产出数量，如提高职工劳动生产率、培训经费使用规范率，增加科技成果数量和专利完成数量，提高项目按期完成数量等。

（七）满意度

满意度主要包括客户满意度和员工满意度。首先，客户满意度代表了用户对国网安徽电力工作成果的评价和认可，同时也能反映业务层面存在的不足之处，是衡量机构效能的参考依据。员工满意度是指内部员工对本组织的评价和看法，主要表现为员工对组织现行的管理方式与制度、方针政策、岗位设置等方面的看法。

(八)安全

安全主要是指员工安全作业。要把安全作为一切工作的前提，任何时候安全是最重要的，是第一位的，要做到不安全不生产，隐患不处理不生产，安全措施不落实不生产。安全生产是安全与生产的统一，安全促进生产，生产必须安全。搞好安全工作，改善劳动条件，调动职工的生产积极性；减少职工伤亡，可以减少劳动力的损失；减少财产损失，可以增加企业效益；生产必须安全，则是因为安全是生产的前提条件，没有安全就无法生产。

(九)就业

发挥企业直接或间接吸纳就业作用。一是利用线上招聘平台，常态化发布岗位信息，加快岗位信息省级集中、联网发布；二是要因地制宜开展各类线下招聘活动，推动就业服务更加便捷、更加高效。三是企业要积极承担社会责任，树立长远发展的眼光，将短期招聘转化为人才供需长效机制，以及通过非核心业务外包形式间接提供就业岗位。总之，国网安徽电力在推动就业方面作出的贡献，既包括直接提供就业岗位，也包括业务外包间接提供的外部就业岗位。

(十)生态环境

想要企业持续稳定发展，就需要加大力度进行环境保护，企业想要盈利创收，就要降低对能源和水资源的消耗，既实现了环境保护，又能实现企业利益最大化。清洁生产工程和污水处理工程的开展，实现生态环境的保护和节能减排同步进行，最大限度地降低对生态环境的破坏。强化落实习近平总书记提出的“绿水青山就是金山银山”的理念。从减少生成释放污染源入手，优化布局，减少废气污染的排放，进而促进企业的可持续发展，推动国有制经济体系完善发展。

三、业务流程视角下的维度关系

通过明确组织机构特点，选择与之相匹配的研究视角，建立相适应的评估模型，以此提高评估模型的适用性和评估结果的真实性与可靠性，从而有效把握国网安徽电力的真实运行效能，根据评估结果制定今后的管理政策和运行计划。

（一）组织机构特点

国网安徽省电力有限公司是国家电网有限公司的全资子公司，以建设和运营电网为核心业务，承担着保障能源安全、服务人民美好生活的重要使命，是安徽省能源领域的骨干企业。公司下设 16 个市级供电公司、71 个县级供电公司和 16 个直属单位。主要从外部、内部、刚性、柔性四个角度来解析其内部特点，如图 3-7 所示。

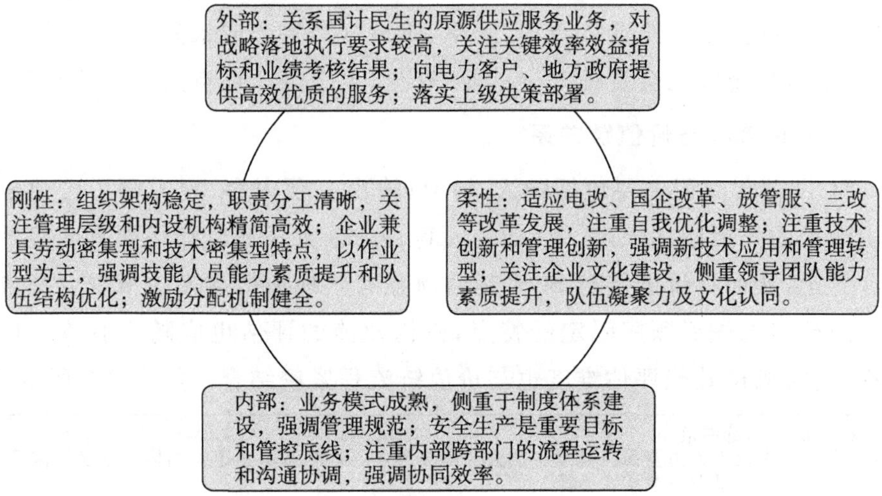

图 3-7 机构特点

（二）机构效能目标与结果

效能目标源自组织战略目标，国网安徽电力是践行“一体四翼”发展布局的电网企业。机构运行效能结果体现在创新、效率、效益、安全、就业、生态等方面。将结果与目标对比，不难发现阻碍机构效能提升的问题，这是机构效能评估的问题导向；为解决这些问题，必须寻找合适的途径与方法；最后衡量产出结果与目标的实现程度。目标与结果关系具体如图 3-8 所示。

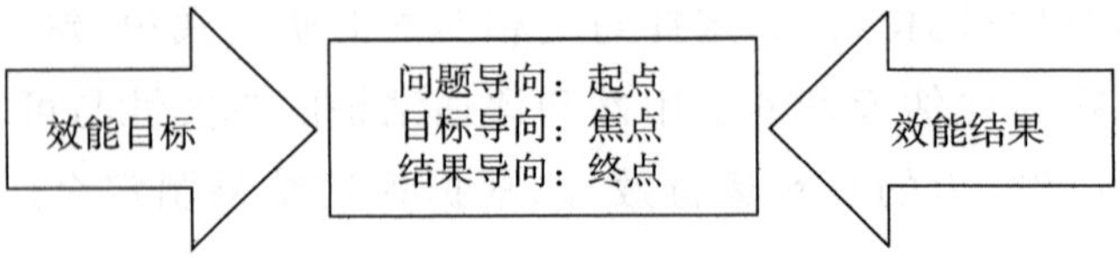

图 3-8　机构效能评估的目标与结果关系图

(三)机构效能评估的运营流程视角

1.“目标→结果”间的运行

“目标－问题－途径→资源－生产－结果”逻辑链条基本契合企业价值链/运营流程。SOR 生产运营流程遵守价值链流程，这里包括(1)生产资源投入——人力资源(态度、能力、创新等)、物力资源、组织结构、制度安排等；(2)生产过程要素——业务流程、效率、质量；(3)生产成果呈现——效果、效益、数量；(4)企业社会责任——就业、安全、生态等。重点是生产运营环节。

2. SOR 流程与价值链关系

SOR 运营流程主要包括输入、转换、输出三项内容，它遵循了价值链中组织活动的先后顺序限定。活动的内容、方式、责任等也都必须有明确的安排和界定，从而将价值链与 SOR 运营流程有效地衔接起来。根据业务价值链按照严格的先后顺序限定的特点，机构效能的评估也应随之有着明确的流程，同时机构效能评估维度也与价值链流程紧密结合。如图 3-9 所示。

投入-产出的价值链：
· 生产资源投入人力资源（态度、能力、创新等）、物力资源、组织结构、制度安排等
· 生产过程要素业务流程、效率、质量
· 生产成果呈现效果、效益、数量
· 企业社会责任就业、安全、生态

图 3-9　效能评估与业务流程

3. 国网安徽电力机构效能提升的内在逻辑

业务流程与 SOR 的视角相结合，其逻辑在于员工和管理者认真负责、精益求精的职业态度以及他们自身符合各自岗位职能要求的、较为完备的

个人知识与技能。它是组织内部发起并有效实施展开创新行为和创新活动的基本前提,也是必要条件。组织内部成员的个人工作态度、工作知识与技能,以及他们所开展的创新活动,能够有效保证产品质量、管理质量、服务质量等的有效提升,同时能够保持组织内部关系的协调,并确保组织与外界环境的一致性。当上述活动顺利开展时,组织的健康运行便得到了基本支持与保障,便能够帮助国网安徽电力提高产出数量,获得良好效益。国网安徽电力在获得收益的同时,也应积极履行自身作为大型企业的社会责任,为社会发展作出贡献,提供更多就业机会和就业岗位,保护生态环境,积极落实环保政策。

第五节　国网安徽电力机构效能评估理论模型

本节详细阐明国网安徽电力效能评估理论模型中各个维度与其目标之间的内在关系,将机构效能评估的十个维度划分为管理指标与平台指标。国网安徽电力机构效能评估理论模型的评估核心维度是质量、协调、数量。

一、维度与目标的关系

(一)维度的划分

此次国网安徽电力机构效能评估指标体系共涉及十个维度,这十个维度又可划分为管理指标和平台指标。所谓管理指标,是评价某项工作好坏的量化因子。一般来说,与管理指标对应的具体数值可能是过去或现状的管理结果,或是期望未来所要达到的管理目标。好的管理指标不仅在于能够对管理者和员工的工作进行量化评价,更重要的是它对管理者和员工的工作起着积极的导向作用,让他们知道工作努力的方向。一个好的管理指标,应该同时具备以下三个要素,缺一不可。首先,管理指标指向管理重点企业或部门定义管理指标,一定要考虑管理指标的指向,要学会关注和定义那些与管理重点息息相关的管理指标。其次，可量化，且数据来源客观可靠。管理指标一定是可量化的，否则就一定不是好的管理指标。而且还要考虑，是否可以获得客观可靠的数据。最后，管理指标导向性要好，所谓导向性好，是指管理指标能够引导管理者和员工的意识和行动向好，并通过他们的努力和改善，使得管理指标不断向好。平台指标是管理指标有效发挥作用的主要前提条件。

(二)管理指标

根据上述内容可以看出，效能评估体系中的管理指标主要包括创新、质量、协调、数量、满意度、安全、就业。管理"创新"维度主要是指文化创新与制度创新等。企业文化创新是指为与环境相匹配，根据本身的性质和特点形成体现企业共同价值观的企业文化，其得到不断创新和发展；制度创新是技术创新的前提，只有完善的企业制度创新机制，才能保证技术创新和管理创新的有效进行。"质量"主要在于按质按量完成项目指标，不仅要管好产品本身的质量，还要管好质量赖以产生和形成的工作质量。管理"协调"主要是指业务流程协调，活动之间不仅有严格的先后顺序限定，而且活动的内容、方式、责任等必须有明确的安排和界定。"数量"主要是指企业的产能，即在计划期内，企业参与生产的全部固定资产，在既定的组织技术条件下，所能生产的产品和服务数量，它可以反映企业的生产规模。"满意度"包括客户满意度和员工满意度。外部客户满意度是客户通过对服务、产品可感知的效果与其期望值相比较后得出的结果；内部员工满意度是指员工通过对企业所感知的效果与其期望值相比较后所形成的感觉状态。"安全"主要是指员工安全作业。任何时候安全都是最重要的，生产和其他工作要服从于安全，安全生产是电力企业的红线。"就业"即企业吸纳人力资源。一方面企业要要增添新鲜血液，人力资源得到可持续补充；另一方面因地制宜开展非核心业务外包，推动社会外部就业。

(三)平台指标

平台指标主要包括态度、能力、创新、协调、生态环境等维度。良好的员工工作态度是取得工作成绩的基础，表现出的是人积极的主观能动性，它会影响个体对工作的知觉与判断、促进学习、提高工作的忍耐力等。"能力"是指员工和管理者成功进行职业生涯管理所需要的累积性知识与技能，可以是某领域知识、认知或行为技能等。平台“创新”维度则是指组织效率协调、人员协调。协调是指根据工作任务，对资源进行分配，同时控制、激励和协调群体活动过程，使之相互融合，从而实现组织目标的能力。平台“协调”维度主要是指组织机构之间的协调。组织机构协调就是通过调整组织机构、健全组织职能、完善职责分工、建立制度等办法，来提高工作效率。在我国经济转向高质量发展的新阶段，电力企业“生态环境”维度要求为实现碳达峰、碳中和贡献力量。如图 3-10 所示。

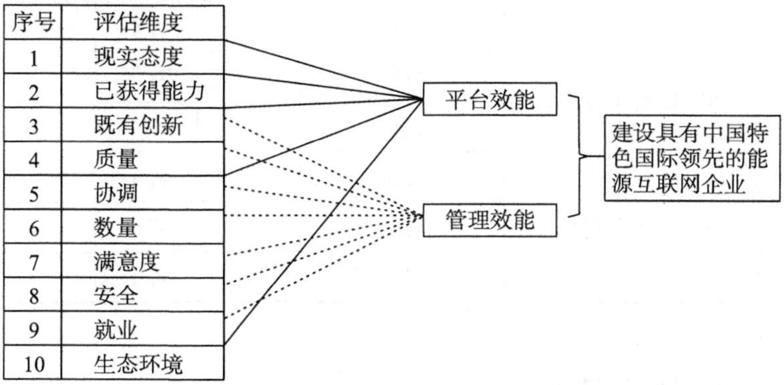

图 3-10　评估维度与目标关系

二、模型成型

组织机构效能评估模型构建的 SOR 模型主要是指输入、转换、输出三项内容，其中，输入是指投入度，主要从态度、能力、创新三个维度进行评估考察；转换是指运行管控度，即效率，主要从质量、协调两个维度进行评估考察。输出是指目标达成度，即效益，主要从数量和满意度两个角度进行评估考察，此外还涉及了相关环节，即安全。具体见表 3-6。评估体系的各维度之间相互协调，相互配合。基于要素之间的逻辑关系及时间顺序，将这 10 个维度连接在一起。首先要确保员工的工作态度和能力满足开展创新活动的基本要求，在顺利实施创新活动之后，才有可能取得定量的创新成果。基于创新成果的应用，获得更高质量的产品、提供更高质量的服务。同时，必要的协调活动也要同步开展，防止组织内部出现混乱现象。在经过上述环节之后，就可以获得可测量的产出数量，同时能够根据任务和服务完成情况，了解到员工满意度和客户满意度。

表 3-6　理论模型成型

序号	SOR 环节	评估维度	权重	指标	数据来源
1	输入(投入)	态度		若干	
2		胜任能力		若干	
3	转换(过程)	创新		若干	
4		质量		若干	
5		协调		若干	
6	输出(效果效益)	数量		若干	
7		满意度		若干	
8	相关(社会责任)	安全		若干	
9		就业		若干	
10		生态环境		若干	

三、评估核心维度

国网安徽电力机构效能评估的核心维度在于质量、协调、数量三个方面。原因如下：

第一，运营质量是企业取得成功的根本。好的质量能够提升企业竞争力，好的质量是企业品牌的内在支撑。质量是企业的生命。“以质量求生存，以品质(信誉)求发展”已成为广大企业发展的战略目标。在市场经济日益发达的今天，产品质量对于企业的重要性越来越明显，产品质量的优劣是企业是否具有核心竞争力的体现之一，提高产品质量是保证企业占有市场，从而能够持续经营的重要手段，一个企业想做大做强，在增强创新能力的基础上，努力提高产品的质量水平对于企业的重要性不言而喻，不注重产品质量，最终会寸步难行，功亏一篑。因此，对于国网安徽电力机构效能的评估，要重点考察质量维度，质量可通过变电精益化管理、输电线故障停运率等来衡量。

第二，对于国网安徽电力而言，组织协调至关重要。首先，团队协作有利于提高企业的整体效能。通过发扬团队协作精神,加强团队协作建设能进一步节省内耗。其次,组织协调有助于企业目标的实现。企业目标的实现需要每一个员工的努力,具有协作精神的团队十分尊重成员的个性,重视成员的不同想法,注重激发企业员工的潜能,真正使每一个成员参与到团队工作中。他们风险共担,利益共享,相互配合,共同完成团队工作任务。最后,组织协调是企业创新的巨大动力。人是各种资源中唯一具有能动性的资源。企业的发展必须合理配置人、财、物,而调动人的积极性和创造性是资源配置的核心,组织协调就是将人的智慧、力量、经验等资源进行合理的调动,使之产生最大的规模效益。

第三,数量反映出国网安徽电力在某阶段所取得的成果,而成果代表了企业核心技术的运行效果。一是通过对数量的考察,及时发现某阶段存在的问题,找出业务短板,对症下药;二是反映现行管理制度的有效性,这涉及公司内部的正常运行,维持公司的健康发展,同时会对员工的积极主动性和组织忠诚度产生影响,从而波及组织的长远发展;三是通过数量考察,可以发现个别部门效率低下的情况,这就需要企业主动探寻原因,重新设置岗位结构,做到人岗匹配,使部门设置和部门内部结构更加合理、高效。数量可通过人均输电线长度、人均变电容量等来衡量。

第四章　国网安徽电力机构效能评估指标体系

第三章从理论上构建了国网安徽电力机构效能评估的四个环节、十个维度。本章首先确定国网安徽电力机构效能评估的理论模型框架；再从数据统计分析这一关键步骤，明确理论模型后继应用的思路、方法；最后根据机构业务类型及特点，选择各维度解释力较强的评估指标，形成国网安徽电力机构效能评估指标体系。

第一节　理论模型

国网安徽电力机构效能评估理论模型包括效能评估模型框架、模型的维度指标赋权、指标的数据采集及计算三个方面的内容。

一、模型框架

根据第三章模型理论模型，以国网安徽电力组织运行过程为重点，在运营环节内分解维度，再确定评估指标。SOR 价值链运营环节包括组织输入、转换、输出、相关环节，而这四个环节，嵌入到电网实际运用中对应了十个评价维度，输入环节对应态度与能力两个维度。转换对应创新、协调、质量三个维度。输出环节对应数量与满意度两个维度。相关环节指的是企业所承担的社会责任，主要包括安全、就业、生态环境三个维度。具体见表 4-1。

表 4-1　机构效能评估模型

序号	SOR 运营环节	维度	权重	备注
1	输入	态度		问卷调查
2		能力		
3	转换	创新		
4		质量		
5		协调		问卷调查
6	输出	数量		
7		满意度		
8	相关环节	安全		设备、人员
9		就业		
10		生态环境		问卷调查

二、权重赋值

由于各评估指标影响力大小不等，对国网安徽电力的组织价值提供能力也有差别，我们将通过 AHP—熵权法的定性定量法确定各维度、各指标的权重，增强权重的客观可信度。

(一)基于 AHP 法的主观权重确定

本研究首先基于 AHP 法对评估指标进行主观权重确定。具体过程如下所述：

1. 建立层次结构

首先对研究目标进行综合分析，将目标进行条理化，把目标中包含的所有要素按其属性进行分层并按其隶属关系进行分解。一般来看，最顶层是目标层，最底层为要素层。

2. 构建重要性判断矩阵

在分成层次之后，则需要对各层因素相对上级的重要性进行两两比较，构建判断矩阵 $B=(B_{ij}\ n\times n$，B_{ij} 表示因素 i 相对于因素 j 对其目标的重要程度，这里 $B=(B_{ij})n\times n$，取值采用 1-9 比较尺度法，邀请相关领域专家进

行多轮独立打分,从而建立重要性判断矩阵,如表 6-7 所示

表 6-7　重要性判断矩阵

A	B_1	B_2	…	B_n
B_1	B_{11}	B_{12}	…	B_{1n}
B_2	B_{21}	B_{22}	…	B_{2n}
…	…	…	…	
B_n	B_{n1}	B_{n2}	…	B_{nn}

在判断矩阵中,满足 $B_{ii}=1$, $B_{ij}>0$, $B_{ij}=1/B_{ji}$,其中($i,j=1,2,\cdots,n$)。判断矩阵取值比较尺度含义如表 6-8 所示。

表 6-8　判断矩阵 1—9 标度及含义

标度	含义	标度	含义
1	B_i 比 B_j 同等重要	—	
3	B_i 比 B_j 稍微重要	1/3	B_i 比 B_j 稍微不重要
5	B_i 比 B_j 明显重要	1/5	B_i 比 B_j 明显不重要
7	B_i 比 B_j 非常重要	1/7	B_i 比 B_j 非常不重要
9	B_i 比 B_j 极端重要	1/9	B_i 比 B_j 极端不重要
注:标度 2、4、6、8 及 1/2、1/4、1/6、1/8 介于上述标度之间。			

3. 层次单排序与一致性检验

根据判断矩阵和相关公式计算出每个被比较元素对于该准则的相对权重,同时需要对判断矩阵的一致性进行检验,邀请专家对各指标进行 1—9 标度打分之后,则可进行层次单排序,并采用和积法计算其权重,若一致性检验未通过,则需适当调整比较判断矩阵,直到通过一致性检验。具体操作步骤为,首先对判断矩阵各列进行归一化处理。其次对判断矩阵各列进行归一化处理,最后对向量进行归一化处理。另外,由于 AHP 法是人为进行指标划分,为避免主观因素影响,需引入计算一致性比率 $CR=\frac{CI}{RI}$,(其中,CI 为一致性指标,RI 为随机性一致性指标),当 CR 值小于 0.1,说明判断矩阵符合一致性要求,否则调整判断矩阵直至满足。

4. 层次总排序与一致性检验

层次总排序是指求出某一层全部要素对于总目标的相对重要性值。该

求解过程是从目标层到最底层逐层计算，其为该要素各隶属层层次单排序的乘积，由 zi 来表示层次总排序值，即该指标的主观权重值。对于层次总排序的结果仍需进行一致性检验，因此，同样需计算其一致性比率 $CR=\frac{CI}{RI}$，（其中，CI 为一致性指标，RI 为随机一致性指标），当 CR 值小于 0.1，则通过一致性检验。

（二）基于熵权法的客观权重确定

本研究选择熵权法对各评估指标进行客观权重确定。具体确定过程如下所述：

1. 对原始数据进行标准化处理

假设共有 m 个评价指标，n 个评价对象，则由此形成了原始矩阵 $X=(X_{ij})m\times n$，其中 X_{ij} 表示第 j 个评价对象第 i 个评价指标的原始值。因各指标在量纲、数量级等方面有所差异，所以需进行数据标准化处理以消除各指标单位对评价结果的影响。然后对原始矩阵进行标准化处理。此外，需根据标准化处理，得 $\bar{x}=(\bar{x}_{ij})\ m\times n$，该式中的 $\bar{x}_{ij}$ 表示第 i 项指标下第 j 个评价对象的比重。且 $\bar{x}_{ij}$ 满足(0,1)。

2. 求出各评价指标的信息熵

由公式 $e_i=-1/\ln n\sum_{j=1}^{m}p_{ij}(\ln p_{ij})$ 便可求得各评价指标的信息熵。

3. 求差异系数

差异系数 $\alpha_i=1-e_i$，(i=1,2,…,m)。

4. 求各指标的熵权

具体计算公式为，设第 i 个指标的熵权为 $h_i=a_i/\sum_{i=1}^{m}a_i$，(i=1,2,…,m)。

（三）AHP—熵权法组合确定权重

AHP—熵权法组合赋值权重计算方法，是结合 AHP 和熵权法将二者计算所得权重值融合计算，结合两者方法的优缺点，同时兼顾模型的主观性和客观性。组合权重确定是指将通过层次分析法(AHP)所确定的主观权重与通过熵权法所确定的客观权重进行集成,从而求得更具合理性和科学性的各指标最终权重值。设 X_i 为组合权重,z_i 为主观权重值,h_i 是客观权重值,则组合权重的计算公式为 $X_i = \frac{z_i + h_i}{2}$ 。根据该组合赋权公式,最终得到各评价指标得分。

三、数据与计算

(一)采集公司既有数据

机构效能评估本着最大程度降低评估的工作量,从数据易于获得性方面,提高机构效能评估的可行性。由于评估的数据来自省市县级公司的已有数据体系,比如"国网安徽省电力有限公司年度地市公司对标指标数据""市县级公司对标指标统计表"等,缺点也是显而易见的。

(二)补充调查数据

由于已有数据体系应用比较广,这些数据可能被摘取应用在绩效评估,以及财务绩效等领域,因而机构效能会与它们有重合雷同之处。所以,对理论框架中要求的数据,没有现成的既有数据,可以通过增加常态化运营考核指标的方式,实现常态化数据收集;也可以通过问卷调查获得所需要的评估数据,这样可以充分体现机构效能评估的自身特色。

(三)计算

运用科学方法,AHP—熵权法汇总数据,使用恰当软件,从机构效能到公司效能分层次计算,自下而上获得各地市的机构效能评估结果,进行纵向与横向比较,找出妨碍组织机构效能的问题,为从组织结构和资源配置视角解决问题提供思路。

第二节　运营环节视角的指标体系

根据 SOR 运营环节,国网安徽电力机构效能评估指标体系包括输入、生产、输出和相关性环节,再加上不同机构类型机构效能评估指标的差异性,共设计 13 套指标体系,涉及的指标有多个。

一、输入环节指标

输入环节从态度、能力两个方面进行评估。因为各个机构所承担的主要任务不同,因此在指标选取方面有所差异。输入环节指标见表 4-4 所示。

表 4-4　输入环节指标

运营环节	评价维度	评估指标	备注
输入	态度	员工态度	问卷调查
		党建绩效综合考评得分	
	能力	人均培训经费	
		职工技能等级或职称	
		人才当量密度	

(一)态度

态度分为组织态度和员工态度两个方面,就本次评估而言,员工态度是测评的重点,组织内没有明确的指标代表员工态度,因此选用问卷调查方式进行测量。而组织态度选用党建绩效综合考评得分指标进行测量,该指标是指基层党建工作民主测评满意率及党建工作量化计划完成率两个方面的综合体现,数据由党建部门提供。

(二)能力

能力方面选取了人均培训经费、职工技能等级等指标进行机构效能评估。根据不同机构的职能不同,选取的指标也略有差异。在参与测评的主要12类机构中，人均培训经费、职工技能等级指的是机构内部平均到具体员工身上的培训费用，以及取得的相应成果，如专业技能等级（或专业技术职称）提升。

二、生产环节指标

生产环节是输入环节的转换。转换的效率取决于机构的创新能力、转换质量和内部协调效率。生产环节的代表性指标见表4-5。

表4-5　生产环节常见指标

<table>
<tr><th>运营环节</th><th>评价维度</th><th>评估指标</th><th>备注</th></tr>
<tr><td rowspan="9">生产</td><td rowspan="2">创新</td><td>科技成果</td><td rowspan="2"></td></tr>
<tr><td>管理创新指数</td></tr>
<tr><td rowspan="6">质量</td><td>百公里输电线路故障停运率</td><td rowspan="6">不同种类机构或有不同的表述</td></tr>
<tr><td>配变频繁停电指数</td></tr>
<tr><td>继电保护和安全自动装置正确动作率</td></tr>
<tr><td>用户平均停电时间</td></tr>
<tr><td>单位资产运维费率</td></tr>
<tr><td>综合线损率</td></tr>
<tr><td>内部协调</td><td>回单及时率</td><td>问卷调查</td></tr>
</table>

（一）创新

创新维度分为专业技术创新和管理创新，专业创新一般以发明专利、科技论文等“科技成果”来衡量。管理创新以管理创新指数解释。

（二）质量

转化效率是运营质量的基础。它包括各类故障停运率、停电实践、停电指数、各种操作正确率、各类线损率和各种单位资产运营费来解释。

（三）内部协调

内部协调调度数据比较匮乏，但很重要。目前可用数据，主要来自输电、变电与配电的工作票(单)的使用,比如回单及时率。范围狭小,主要针对前端微观组织机构,对县市级公司及其内设机构的内部协调效率数据无法获取,暂拟采用问卷调查获得相应数据解释。

三、输出环节指标

输出环节体现的是生产运营的成果和效益。输出环节指标主要指成果数量及整体效益水平,效益水平以满意度侧面说明。满意度分为内部满意度和外部满意度,外部满意度指终端客户满意度,内部满意度指跨层次、跨部门的满意度。输出环节指标详见表 4-6。

表 4-6　输出环节常见指标

运营环节	评价维度	评估指标	备注
输出	数量	人均输电线长度	
		人均营业户数	
		人均配电线路长度	
	满意度	营销类、运检类等各类投诉率	
		内部满意度	问卷调查

(1)数量

考虑到资源约束,产出数量以人均指标显示,如人均输电/配电线长度、人均营业户数、人均主变数、人均台数、人均变电站数等。

(二)满意度

满意度是机构效能的外在体现。外部满意度是核心指标,通过营销类和运检类投诉率数据取得;内部满意度包括业务流程、工作关系上的满意度,这部分数据目前是缺失的,短期内可通过问卷调查获得数据。

四、相关环节指标

相关业务环节体现了企业社会责任，涉及安全、就业和生态三个方面。相关环节指标如表 4-7 所示。

表 4-7　相关环节效能评估指标

运营环节	评价维度	评估指标	备注
相关环节(社会责任)	安全	人身伤亡事件数 (6 级及以上人身事件)	
	就业	年度新进职工人数	
		年度提供外部就业人数	
	生态环境	环保、双碳	问卷调查

(一)安全

安全作为一票否决机制，至关重要。主要用人身伤亡数(六级以上人身事件)指标来评估。

(二)就业

就业方面选定年度新进职工人数、年度提供外部就业人数两个指标来评定。外部就业主要是指直接或间接创造的就业岗位及人数，如外包业务的用工情况数据。

(三)生态环境

生态环境方面选取环保、双碳(碳达峰、碳中和)两个指标，由于组织中没有这方面明确的指标数据，因此选用问卷调查的方式测量。这部分新能源的利用和使用，含太阳能、风能的利用，以及新能源汽车的使用及支持。

第三节　地市公司机构视角的效能评估指标体系

就目前国网安徽电力的组织机构设置而言，地市公司机构效能评估依据机构性质可分为12类机构及地市公司职能管理机构，见图4-1。从企业规模及复杂性看，国网安徽电力地市公司机构效能评估指标体系分机构设计较为合理。

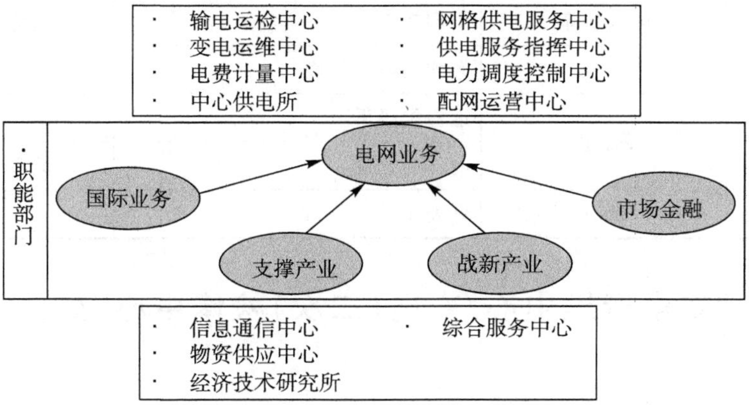

图4-1　地市公司职能部门与业务实施机构

一、“输电运检中心”效能评估指标体系

由表4-8可见，在转换环节，输电运检中心选取了科技成果和管理创新指数等“创新”指标，输电线路故障停运率、生产PMS数据准确率、精益化管理指数等“质量”指标，以及“内部协调”定性指标。在输出环节，选取人均输电线长度“数量”指标；“满意度”维度拟采用运检类投诉率外部满意度指标，结合问卷调查方式获得内部满意度指标共同达成。输入与相关社会责任环节的维度、指标等内容见表4-8。

表 4-8 输电运检中心效能评估指标体系

运营环节	评估维度	评估指标	备注
输入	态度、能力	见表 4-4	
转换	创新	科技成果	
		管理创新指数	
	质量	输电线路故障停运率	
		生产 PMS 数据准确率	
		精益化管理指数	
	内部协调	协调效率	问卷调查
输出	数量	人均输电线长度	
	满意度	运检类投诉	
		内部满意度	问卷调查
社会责任	安全、就业、生态	见表 4-7	

二、"变电运维中心/变电(二次)检修中心"效能评估指标体系

变电运维中心/变电(二次)检修中心效能评估，在输入环节，"创新"维度选取了科技成果和管理创新指数等创新指标；"质量"维度选取变电设备故障停运率、电网继电保护正确动作率、技改大修自己干按期完工率、变电精益化管理指数等指标；"内部协调"的协调效率需要问卷调查。在输出业务环节选取人均变电站数量、人均操作票数量两个"数量"指标；"满意度"维度以运检类投诉率和内部满意度指标来描述。包括输入与相关社会责任维度、指标等内容。见表 4-9。

表 4-9　变电运维中心效能评估指标体系

运营环节	评估维度	评估指标	备注
输入	态度、能力	见表 4-4	
转换	创新	科技成果	
		管理创新指数	
	质量	变电设备故障停运率	
		电网继电保护正确动作率	
	内部协调	技改大修自己干按期完工率	变电(二次)检修
		精益化管理指数	
		协调效率	问卷调查
输出	数量	人均变电站数量	
		人均操作票数量	
	满意度	运检类投诉率	变电(二次)检修
		内部满意度	问卷调查
社会责任	安全、就业、生态	见表 4-7	

三、“网格化供电服务中心”效能评估指标体系

表 4-10 中，在转换环节，“创新”维度选取了科技成果和管理创新指数等创新指标；“质量”维度选取了业扩平均时长、配电频繁停电指数、用户平均停电时间、营销业务数据质量、台区综合线损率、户均客服服务成本、电费回收率等指标；“内部协调”的协调效率数据缺失。在输出环节选取人均营业户数、人均配电线路长度指标代表“数量”；运检类投诉率指标解释外部“满意度”，内部满意度暂没有数据支撑。输入与相关社会责任环节的维度、指标等内容见表 4-10 所示。

表 4-10　网格化供电服务中心效能评估指标体系

运营环节	评估维度	评估指标	备注
输入	态度、能力	见表 4-4	
转换	创新	科技成果	
		管理创新指数	
	质量	业扩平均时长	
		配电频繁停电指数	
	内部协调	用户平均停电时间	
		营销业务数据质量	
		台区综合线损率	
		户均客户服务成本	
		电费回收率	
		协调效率	问卷调查
输出	数量	人均营业户数	
		人均配电线路长度	
	满意度	运检类投诉率	
		内部满意度	问卷调查
社会责任	安全、就业、生态	见表 4-7	

四、“配网运营中心”效能评估指标体系

表 4-11 中，转换环节包括：“创新”维度选取了科技成果和管理创新指数等创新指标；“质量”维度选取配电频繁停电指数、带电作业次数、用户平均停电时间、10kV 综合线损率、户均服务成本、电费回收率等指标；“内部协调”的协调效率数据缺失。输出环节包括：“数量”维度选取人均营业户数、人均配电线路长度指标；“满意度”维度选取客户服务满意率和内部满意度指标，内部满意度数据缺失。输入与相关社会责任环节的维度、指标等内容见表 4-11 所示。

表 4-11 配网运营中心效能评估指标体系

运营环节	评估维度	评估指标	备注
输入	态度、能力	见表 4-4	
转换	创新	科技成果	
		管理创新指数	
	质量	配电频繁停电指数	
		带电作业次数	
		用户平均停电时间	
		10kV 综合线损率	
		户均客户服务成本	
		电费回收率	
	内部协调	协调效率	问卷调查
输出	数量	人均营业户数	
		人均配电线路长度	
	满意度	客户服务满意率	
		内部满意度	问卷调查
社会责任	安全、就业、生态	见表 4-7	

五、“供电服务指挥中心”效能评估指标体系

供电服务指挥中心在转换环节选取科技成果和管理创新指数等“创新”维度指标；10kV 电网调度、工单处理（回复、派发）等“质量”维度指标；内部协调效率等“内部协调”维度指标。在输出环节选取工单处理数（回复、派发）、人均营业户数等“数量”为维度指标；运检类/营销类投诉率、内部满意率等“满意度”维度指标。输入与相关社会责任环节的维度、指标等内容见表 4-12 所示。

表 4-12　供电服务指挥中心效能评估指标体系

运营环节	评估维度	评估指标	备注
输入	态度、能力	见表 4-4	
转换	创新	科技成果	
		管理创新指数	
	质量	10kV 电网调度	
		工单完结(回单)及时率	
	内部协调	协调效率	问卷调查
输出	数量	人均营业户数	
		工单处理数(回复、派发)	
	满意度	运检/营销投诉率	
		内部满意度	问卷调查
社会责任	安全、就业、生态	见表 4-7	

六、"电力调度控制中心"效能评估指标体系

表 4-13 中，在转换环节，选取科技成果和管理创新指数等"创新"维度指标；选取调度技术支持系统可靠率、清洁能源发电利用率、主网设备跳闸事故总信号正确上送率、电网安全自动装置等"质量"维度指标；内部协调效率数代表"内部协调"维度指标，但数据缺失，需要通过问卷调查补充数据。在输出环节，选取人均主变数量、人均调度变电站数量等"数量"维度指标；选取运检类或营销类投诉率、内部满意度等"满意度"维度指标，内部满意度暂无数据。输入与相关社会责任环节的维度、指标等内容见表 4-13 所示。

表 4-13　电力调度中心效能评估指标体系

运营环节	评估维度	评估指标	备注
输入	态度、能力	见表 4-4	
转换	创新	科技成果	
		管理创新指数	
	质量	调度技术支持系统可靠率	
		清洁能源发电利用率	
		主网设备跳闸事故总信号正确上送率	
		电网安全自动装置	
	内部协调	协调效率	问卷调查
输出	数量	人均主变数量	
		人均调度变电站数量	
	满意度	运检/营销投诉率	
		内部满意度	问卷调查
社会责任	安全、就业、生态	见表 4-7	

七、“信息通信公司”效能评估指标体系

表 4-14 中，在转换环节，选取科技成果和管理创新指数等“创新”维度指标；选取信息网络安全运行指数、万元调度通信资产运维费、数据管理应用指数、新兴业务拓展指数、独立通信电源省级集中监控率等“质量”维度指标；选取内部协调效率为“内部协调”维度指标。在输出环节，选取人均通信光缆长度、人均维护网络设备为“数量”维度指标；选取运检类/营销类投诉率、内部满意度为“满意度”维度指标，内部满意度以问卷调查获得数据。输入与相关社会责任环节的维度、指标等内容见表 4-14 所示。

表 4-14 信息通信公司效能评估指标体系

运营环节	评估维度	评估指标	备注
输入	态度、能力	见表 4-4	
转换	创新	科技成果	
		管理创新指数	
	质量	信息网络安全运行指数	
		万元调度通信资产运维费	
		数据管理应用指数	
		新兴业务拓展指数	
		独立通信电源省级集中监控率	
	内部协调	协调效率	问卷调查
输出	数量	人均通信光缆长度	
		人均维护网络设备	
	满意度	运检/营销类投诉率	
		内部满意度	问卷调查
社会责任	安全、就业、生态	见表 4-7	

八、"电费计量中心"效能评估指标体系

表 4-16 中，在转换环节，选取科技成果和管理创新指数等"创新"维度指标；选取 35kV 及以上电费回收率、电能计量管理指数、户均计量成本等"质量"维度指标；选取协调效率为"内部协调"维度指标。在输出环节，选取人均营业户数、营销业务数据质量评价等"数量"维度指标；选取营销类投诉率、内部满意度为"满意度"维度指标，内部满意度以问卷调查获得数据。输入与相关社会责任环节的维度、指标等内容见表 4-16 所示。

表 4-16　电费计量中心效能评估指标体系

运营环节	评估维度	评估指标	备注
输入	态度、能力	见表 4-4	
转换	创新	科技成果	
		管理创新指数	
	质量	35kV 及以上电费回收率	
		电能计量管理指数	
		户均计量成本	
	内部协调	协调效率	问卷调查
输出	数量	人均营业户数	
		营销业务数据质量评价	
	满意度	营销类投诉率	
		内部满意度	问卷调查
社会责任	安全、就业、生态	见表 4-7	

九、"中心供电所(县)"效能评估指标体系

表 4-17 中，在输入环节，选取科技成果和管理创新指数等"创新"维度指标；选取配电故障停运率、综合采集成功率、台区线损达标率、10kV 以下台区综合线损率、当年电费回收月平均水平、户均客户服务成本等"质量"维度指标；选取协调效率为"内部协调"维度指标。在输出环节，选用人均营业户数、人均配电线路长度等"数量"维度指标；选取营销类投诉率、内部满意度为"满意度"维度指标，内部满意度以问卷调查获得数据。输入与相关社会责任环节的维度、指标等内容见表 4-17 所示。

表 4-17 中心供电所效能评估指标体系

运营环节	评估维度	评估指标	备注
输入	态度、能力	见表 4-4	
转换	创新	科技成果	
		管理创新指数	
	质量	配电故障停运率	
		综合采集成功率	
		10kV 以下台区线损达标率	
		当年电费回收月平均水平	
		户均客户服务成本	
	内部协调	协调效率	问卷调查
输出	数量	人均营业户数	
		人均配电线路长度	
	满意度	运检类/营销类投诉率	
		内部满意度	问卷调查
社会责任	安全、就业、生态	见表 4-7	

十、“经济技术研究所”效能评估指标体系

表 4-18 中，在转换环节，选取科技成果和管理创新指数等“创新”维度指标；选取年均规划变电站数量、配电网规划数字化应用率、工程项目评审及时率等“质量”维度指标；选取协调效率为“内部协调”维度指标。在输出环节，选取基建工程设计质量指数、配网工程高质量规划建设等“数量”维度指标；选取内部满意度为“满意度”维度指标，内部满意度以问卷调查获得数据。输入与相关社会责任环节的维度、指标等内容见表 4-18 所示。

表 4-18 经济技术研究所效能评估指标体系

运营环节	评估维度	评估指标	备注
输入	态度、能力	见表 4-4	
转换	创新	科技成果	
		管理创新指数	
	质量	年均规划变电站数量	
		配电网规划数字化应用率	
		工程项目评审及时率	
	内部协调	协调效率	问卷调查
输出	数量	基建工程设计质量指数	
		配网工程高质量规划建设数	
	满意度	内部满意度	问卷调查
社会责任	安全、就业、生态	见表 4-7	

十一、"物资供应中心"效能评估指标体系

表 4-19 中，在转换环节，选取管理创新指数等"创新"维度指标；选取物资合同付款及时率、物资质量检测率等"质量"维度指标；选取协调效率为"内部协调"维度指标。在输出环节，选取人均电网设备数量、招投标数量、物流配送量等"数量"维度指标；选取内部满意度为"满意度"维度指标，内部满意度以问卷调查获得数据。输入与相关社会责任环节的维度、指标等内容见表 4-19 所示。

表 4-19　物资供应中心效能评估指标体系

运营环节	评估维度	评估指标	备注
输入	态度、能力	见表 4-4	
转换	创新	管理创新指数	
	质量	物资合同付款及时率	
		物资质量检测率	
	内部协调	协调效率	问卷调查
输出	数量	人均电网设备数量	
		招投标数量	
		物流配送量	
	满意度	内部满意度	问卷调查
社会责任	安全、就业、生态	见表 4-7	

十二、"综合服务中心"效能评估指标体系

表 4-20 中，在转换环节，选取管理创新指数等"创新"维度指标；选取物资合同付款及时率、电网小型基建工程完工及时率等"质量"维度指标；选取协调效率为"内部协调"维度指标。在输出环节，选取车辆数量、职工人数等"数量"维度指标；选取内部满意度为"满意度"维度指标，内部满意度以问卷调查获得数据。输入与相关社会责任环节的维度、指标等内容见表 4-20 所示。

表 4-20　综合服务中心效能评估指标体系

运营环节	评估维度	评估指标	备注
输入	态度、能力	见表 4-4	
转换	创新	管理创新指数	
	质量	物资合同付款及时率	
		电网小型基建工程完工及时率	
	内部协调	协调效率	问卷调查

续表

运营环节	评估维度	评估指标	备注
输出	数量	车辆数量	
		职工人数	
	满意度	内部满意度	问卷调查
社会责任	安全、就业、生态	见表 4-7	

十三、地市公司"职能部门"效能评估指标体系

表 4-21 中，在转换环节，选取管理创新指数等"创新"维度指标；选取全员劳动生产率等"质量"维度指标；选取协调效率为"内部协调"维度指标。在输出环节，选取人均设备容量、人均线路长度等"数量"维度指标；选取内部满意度为"满意度"维度指标，内部满意度以问卷调查获得数据。输入与相关社会责任环节的维度、指标等内容见表 4-21 所示。

表 4-21　职能机构效能评估指标体系

运营环节	评估维度	评估指标	备注
输入	态度、能力	见表 4-4	
转换	创新	管理创新指数	
	质量	全员劳动生产率	
	内部协调	协调效率	问卷调查
输出	数量	人均每天工作量	
		人均每天工作时间	
	满意度	内部满意度	问卷调查
社会责任	安全、就业、生态	见表 4-7	

第五章　国网安徽电力机构效能评估流程设计

指标体系是机构效能评估的一把“尺子”，要正确使用这把“尺子”，就要求企业设计科学、规范的评估流程，从而提高评估工作效率，减少评估实施过程中的误差。本章的国网安徽电力评估流程设计重点涉及流程设计相关理论概念、评估计划、评估实施，以及评估结果运用等内容。

第一节　理论概述

随着管理学理论的发展，有关评估流程的理论研究也在不断发展，这些研究成果为设计出科学、规范的评估流程提供理论指导。本节重点介绍流程及流程管理、流程设计、流程优化、评估流程优化设计等内容。

一、流程及流程管理

流程是流程管理的核心，流程管理即通过一系列的管理制度和有效措施，确保流程生命周期的各个环节都符合管理要求。本节主要介绍流程的定义、特点以及流程管理相关概念等内容。

（一）流程的定义

1. 国外对流程的界定

关于流程的概念，目前并无统一定义。哈默认为“流程就是一组能够为客户创造价值的相关联的活动进程”。托马斯·达文波特和詹姆斯·肖特将流程定义为“为特定顾客或市场提供特定产品或服务而实施的一系列精心设计的活动”。ISO9000 中将流程定义为“一组将输入转化为输出的相互关联或者相互作用的活动”。

2. 国内对流程的界定

国内研究者冉斌等人将流程定义为一系列的、连续的、有规律的活动，这些活动以特定的方式进行并导致特定结果的产生。周妮等人认为“流程通常是指企业从市场调查开始直至将商品和服务提供给客户所发生的一系列的业务工作的全部过程。企业业务流程始于顾客需要调查，终于满足顾客需求”。蒋志青则将企业流程定义为“企业流程是为满足顾客的需求和实现企业自身目标，在企业的逻辑思维指导和现有资源条件下实现产品或服务的一系列活动的实际过程”。陈禹六等学者认为流程是完成某一目标或任务而进行的一系列逻辑相关的活动的集合。

3. 本书对流程的界定

一般而言流程的定义包括以下三个方面：(1)流程包含一系列的活动；(2)流程是为一定目标服务的，多数情况下，流程目标指的是顾客；(3)流程都有特定的输入输出，是将输入转化为输出的过程，不同的流程有着不同的转化能力。在现有文献中，流程一般是指以顾客为导向的业务流程。

本书将流程界定为，流程是企业为满足各相关方的价值需求及企业自身的健康发展而进行的一系列连续活动，这些活动具有一定的输入输出关系和相互差异的转化能力，并需要一定的资源支持来完成。流程解释了企业的全部动态行为，展示了企业实现各种目标和功能需求的路径。流程不仅有业务流程，还包括战略流程和支持流程。

(二)流程的特点

分析以上有关流程的定义，发现其具有共同的特点。

1. 目标性：有明确的目标或任务；

2. 内在性：所有的事物和行为都可以用输入、输出、过程、结果等来描述，它包含于事物或行为中；

3. 整体性：是指流程至少要有两个活动，才能建立流转起来的关系；

4.动态性:流程是从前一个活动以一定顺序展开到后一个活动,是一个动态的概念;

5.层次性:流程是可以嵌套和分解的;

6.结构性:流程可以是串联,也可以是并联的结构,它的表现形式是多样的。

(三)流程管理的概念

流程管理的主要内容包括:流程管理制度和在流程管理制度之下的流程挖掘和梳理、流程开发和实施、流程资源管理、流程执行、流程监管、流程优化等。也就是说,流程管理是一套以流程为核心的管理体系,包含制度、资源、执行、监管、优化等管理手段。流程管理主要分为两个阶段,第一个阶段是流程再造阶段,第二个阶段是流程管理阶段。因此,流程管理的概念包括对流程再造的界定和对流程管理的界定。

1.流程再造

哈默和钱皮将"业务流程再造"定义为对业务流程进行根本的重新思考和彻底的重新设计,再造新的业务流程,以求在速度、质量、成本、服务等各项企业绩效考核的关键指标上取得显著的改善,使得企业能最大限度地适应以顾客、竞争、变化为特征的现代企业经营环境。其他学者对流程再造给出了不同的定义,见表5-1。

表5-1 流程再造的相关概念

作者	概念	定义
T. H. Davenport & J. E. Short	企业流程设计	企业内或组织间工作流或各种流程的分析与设计。
M. Hammer & J. Chammpy	业务流程再造	根本的重新思考,彻底的革新业务流程。
M. Morrow & M. Hazdl	企业流程再设计	指检查关键流程中的活动和信息流,以达到简化、降低成本,提高质量和柔性的目的。
J. E. Short & N. Vankatraman	企业网络再设计	对属于更大企业网络中的部分重要产品和服务进行重新构造。

续表

作者	概念	定义
H. J. Johanssonetal	企业流程再设计	是企业取得成本、周期、服务和质量彻底变化的手段。它需要许多工具和方法，并强调企业是一系列面向客户的核心流程的集合。

2. 流程管理

当前大部分研究者和研究机构都是从业务流程角度对流程管理进行界定的。流程管理的相关概念如表 5-2 所示。

表 5-2　流程管理的相关概念

作者	概念定义
葛星	业务流程管理是一种以规范化的构造端到端的卓越业务流程为中心，以持续提高组织业务绩效为目的的系统化管理方法。流程管理将 BPR 中彻底性、根本性的提法融入规范化、系统化中，提出不一定全是彻底的重新设计业务流程，而应是规范地对流程进行设计；同时该定义指出，流程管理是一种系统化的方法，是持续的、不断提升的方法，放弃了原来的“戏剧性”的提法，更具现实意义。
潘宪生 张明宝	流程管理是以各种流程为基本控制单元，根据企业经营战略要求对流程的规则、设计、构造和调控等所有环节实行系统管理，全面协调各种流程间的相互匹配关系，以及流程的适应问题。其观点强调各种流程之间的相互匹配和对所有流程的总体规划。
IDS	企业根据自身的战略重点，有选择地对支撑其战略实现的关键业务流程进行系统化、持续改进的管理过程。
王坚	业务流程管理是由业务过程重组发展起来的面向业务过程设计、分析、执行、监控和性能统计的理论过程，它是指企业或组织为了达到某种目的，对企业或组织所设计的过程，进行设计、改进、监控、评估和维护等方面的工作。
凤羽翚	业务流程管理是在一个存在内部事件和外部事件的环境中，由一组相互依赖的业务流程触发，对业务进行描述、理解、表示、组织和维护。
IBM	在业务流程的整个生命周期中对业务活动进行建模、开发、部署和管理，来实现业务策略的管理过程，这是一个持续的改进系统。
Gartner Inc	业务流程管理是一个描述一组服务和工具的一般名词，这些服务和工具为显式的流程管理（如流程的分析、定义、执行、监视和管理）提供支持。

(四)流程管理的内容

当前关于流程管理的主要内容,学界虽尚未形成统一的观点,但是一般认为,流程管理是指对包括流程设计、流程实施、流程诊断、流程优化改进和流程再造/再设计等整个流程生命周期的全部内容和活动的管理。而流程管理的最主要的内容,则主要围绕对流程设计、流程实施、流程监控、流程优化方法的研究来进行。本书围绕国网安徽电力机构效能评估流程设计的研究主题,主要对流程设计和流程优化两部分内容的相关研究进行评述。

二、流程设计

(一)流程设计的内涵

流程设计是指为实现一定目标而对流程进行整体设计的过程,最终的设计输出成果是流程。流程设计主要由流程设计程序和流程设计方法两部分组成。

(二)流程设计程序

当前关于流程设计程序的研究相对成熟和规范,无论是在业务流程再造(BPR)还是在业务流程管理(BPM)领域,都有大量的研究成果。这些成果基本上都是基于生命周期方法及“阶段—任务”(S—A)技术进行研究、分析和综合的。虽然在方法细节上有所不同,并没有形成一个统一的标准,但基本上可以划分为构想、启动、诊断、设计、实施和评价等步骤。当前,比较典型的流程设计程序模型就是流程再造的综合 S—A 模型,这个模型在综合了 25 种再造流程的基础上,提供了完整的流程再造实施方法论框架,界定了每一步骤的主要工作和可能使用到的基本工具。流程再造的 S—A 框架,如图 5-1 所示。

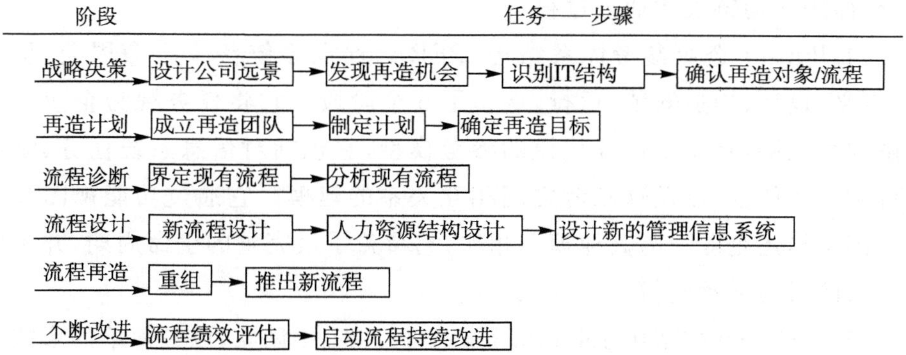

图 5-1　流程再造的 S-A 框架

(三)流程设计方法

流程设计方法的核心主要包括流程建模技术和流程评价技术,其中建模技术主要用于流程描述和分析,流程评价技术用来对流程模型进行评价。其中流程建模技术是流程设计的关键和核心。流程建模技术的研究成果主要体现在建模方法体系层面和建模技术工具层面。建模方法体系提供了技术工具的综合运用方法,建模技术工具提供了具体的建模手段。

1. 主要建模方法体系

(1)ARIS 体系是德国 Saarland 大学提出的一种面向过程的模型结构,它提出了一个集成化的信息系统框架。它以面向对象的方法描述了企业的组织视图、数据视图、过程视图和资源视图,并通过控制视图来描述组织、数据、过程、资源四个视图的关系。面向生命周期,它定义了需求定义、设计说明和实施描述三个阶段内容。

(2)GRAI/GIM 方法是 20 世纪 70 年代中期由法国 GRAI 实验室提出的一种用于描述与分析生产管理系统的方法。后来将其发展为一种描述和分析整个企业的方法论,包括 GRAI 概念参考模型、GRAI 建模框架、GRAI 建模方法和 GRAI 结构化方法。

(3)IEM 是德国柏林费朗霍夫的生产系统与设计技术研究所(FHg-IPK)提出的一种基于面向对象技术的建模方法,它提出了一种可以生成集成化模型的企业建模方法与相应的支持工具。在模型中,通过同一个模型的不同视图来描述制造企业的不同方面。通过活动来描述每个具体的业务功能，而用活动链表述业务过程。

(4)Purdue企业参考体系结构(PERA)面向系统整个生命周期，从概念、定义、设计、构造安装、运行，定义了5个阶段。它将任务视为企业功能分解的最底层，是基于任务建模的参考模型，它包括对信息系统任务、制造任务和人的任务，以及这三者之间相互关系的建模。它通过功能视图和实施视图来描述企业。与其他模型相比，它覆盖了最完整的生命周期，并考虑了对人的行为活动建模。

(5)Zachman框架由John Zachman于1987年创立，以最简单的形式描述了企业架构的元素和层次，以及这些元素的作用。他认为系统的建设需要数据、功能、网络、人员、时间、动机等6方面的要素。并且各要素之间是有层次的，从高层次的战略设计逐步细化到详细设计。包括业务范围、业务模型、系统模型、技术模型和具体定义等5方面的架构。但是，该框架主要解决系统结构，不涉及业务和流程的设计。

(6)IBM公司的企业总体架构框架由业务架构和IT架构两部分组成。涵盖了包括业务组件、流程、组织、分布、绩效、IT结构等各方面的内容，可以全面地对企业进行设计和规划。

(7)UML业务建模框架是由埃里克森(Eriksson, H.)等提出的，是基于面向对象的统一建模语言，通过业务愿景、业务过程、业务结构和业务行为等4个视图来描述业务体系结构的框架体系。

2. 主要流程建模技术工具

根据建模逻辑可分为形式化建模方法、本体论建模方法和其他建模方法的建模工具。形式化建模工具又分为结构化建模工具和面向对象的建模工具。当前主要的流程建模工具如下表5-3所示。

表 5-3　主要流程建模技术工具

建模逻辑	技术工具	
形式化建模方法	结构化建模	业务流程图、鱼形图、
		工作流扩展模型、
		SCOR 模型、DEMO 建模、
		实体流图、活动周期图
	面向对象的建模	UML 顺序图、UML 协作图、
		UML 时序图、IDEF4
本体论建模	Agent 建模、IDEF5	
其他方法建模	图论、超图、组件技术、离散事件建模	

三、流程优化

(一)流程优化概念

流程优化是研究流程系统在给定约束条件下，通过特定的优化方法找到使其性能指标达到最优的方法的过程。流程优化需要首先确定一批需要改进的活动，通过对其进行分析评估，以便进行改善调整。由于流程是一个不断变化的过程，流程优化也是一个持续不断的过程。流程优化是一种通过完善业务流程来提高企业竞争优势的管理策略，包括广义和狭义的流程优化。广义的流程优化包括对流程循序渐进地改进，也包括对整个流程完全推翻重建，也就是流程再造，它是一种比较激进的流程优化方式。狭义的流程优化则侧重于优化方法使用，主要是通过调整过程阶段的流程内容和顺序，有一次性改进的特点。

(二)流程优化的实施原则

随着管理学理论的发展，相关的流程理论研究也在不断发展，经经历了四个主要发展阶段：20 世纪初开始产生流程管理思想，它是伴随着泰勒的科学管理思想产生的；20 世纪 60 年代是流程自动化阶段，是伴随计算机科学技术产生的；20 世纪 90 年代是业务流程再造阶段，是由钱皮和迈克尔哈

默引领的;21 世纪则是流程动态改进阶段。伴随着流程优化的不断发展、完善,诞生了实施流程优化的若干基本原则:

1. 重视关键流程的管理;
2. 选择合适的流程;
3. 积累经验知识;
4. 将流程优化和企业创新并行;
5. 完善以流程优化为导向的绩效评估机制;
6. 将闲置资源有效整合;
7. 保持畅通的双边沟通渠道。

(三)流程优化的方法研究

流程优化方法主要包括流程诊断(问题识别)和流程优化(问题解决)的框架技术。在流程再造理论和组织再造理论提出之后,目前有大量的关于优化(含再造)的工具和方法。

1. 流程诊断技术

流程诊断技术主要包括仿真方法、目标绩效与评价方法。

(1)仿真方法,朱海平在其博士论文中,提出了一个关于业务流程性能的定量分析与运行仿真的框架,用以发现问题。

(2)目标绩效与评价方法是一种与仿真方法类似的技术,目的都是通过对诊断对象进行评价,来发现问题。不同之处在于,它不采用模拟仿真的技术,而是直接对针对对象的绩效进行分析。如崔海波提出了“流程识别、流程模拟、性能评价、问题分析”的诊断程序框架,用于指导对问题的分析。

2. 流程优化的原则

(1)价值流分析的增值性原则。从理论上来说,流程优化是过程控制、结果导向。过程控制就是增值过程,流程设计或优化运行的结果是为了节省企业的成本,同时给企业带来更大的价值回报,这是我们判断流程是否增值的标准。

(2)标杆管理的最佳实践对比改进原则。流程标杆管理是指以最佳工作流程为基准进行的标杆管理。流程标杆管理内容是类似的工作流程,不是某项业务与操作职能或实践。标杆管理可以跨不同组织进行,它一般要求企业对整个工作流程和操作有很详细的了解。

(3)工作研究的“ECRS 原则”。ECRS 用于对生产工序进行优化，以减少不必要的工序，达到更高的生产效率。取消(Eliminate)指取消工作、工序，同时不影响质量和进度；合并(Combine)指将两个或两个以上的对象变成一个；重排(Rearrange)指根据“何人、何处、何时”三项提问原则进行重排、替换；简化(Simplify)指用最简单方法及设备节省人力、时间及费用。

(4)BPM 的“ESIA 原则”。ESIA 法是减少流程中非增值活动，以及调整流程的核心增值活动的实用原则。消除(Eliminate)指对现有流程中非必要的非增值活动予以清除；简化(Simply)指对剩下的活动进一步简化；整合(Integrate)指对分解的流程进行整合，以使流程顺畅、连贯、更好地满足顾客需求；自动化(Automate)指在清除、简化、整合的基础上，作业流程的自动化。

3. 主要流程优化方法

流程优化方法主要有基于范式的优化方法、基于规则的优化方法、基于模型的优化方法和基于实例的优化方法。

(1)基于范式的优化方法，即根据一定的范式模式的要求，按照其规定的优化和改进程序进行优化。基于规则的优化方法主要包括两种，一种是依据知识规则推理(KRI)，即按照“IF… THEN…”的规则对已提炼的知识进行推理优化。另一种是基于指标优化驱动的推理(MDI)，即根据流程运行的相关评价指标对流程中存在的问题进行诊断。

(2)基于模型的优化方法，称为基于模型的推理(MBR)，就是利用作为研究对象的系统结构或组成要素等的特性、原理或规则，建立一个模型或者直接对比使用已有的参考模型，然后再利用这一模型结合问题，对系统中的问题作出推理、判断，以达到解决问题的目的。

(3)基于实例的优化方法，也称为基于实例的推理(CBR)，是运用已发生案例中的知识和经验对系统进行的优化和再设计提供指导和意见。首先，将过去的案例按一定规则存储于案例库中，便于后继使用者检索相似案例；其次，若找到的案例与目标问题达到一定的相似水平，则直接向用户输出相似案例的解决方案；最后，如不相似，对检索出来的案例进行修正，以期产生一个符合目标问题求解要求的解决方案，并记录在案例库。

四、评估流程优化设计

影响机构效能评估结果的因素有许多,包括模型的制定与选择、评估方案的设计、评估流程的确定,以及评估人员的素质等。在众多因素中,评估流程设计往往被人们所忽视,研究者甚少。其实,科学的效能评估流程是保障评估工作顺利开展,确保评估结果公平、公正、客观、有效的前提。本书根据国网安徽电力机构效能评估工作开展的实际要求、主要内容及关键节点,结合国内外已有的流程设计理论研究与评估实战经验,设计出效能评估流程的六大步骤。如图 5-2 所示。

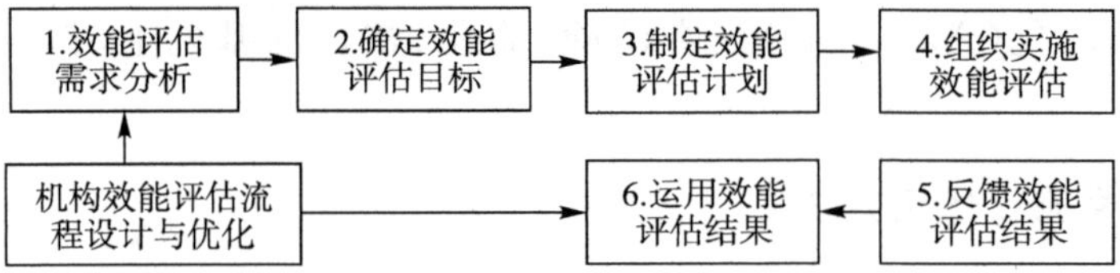

图 5-2 机构效能评估流程设计的步骤

(一)评估需求分析

评估需求分析是效能评估准备环节的重要步骤,进行评估需求分析是为了验证进行机构效能工作的必要性,通过效能评估需求分析找出进行效能评估的目的和需要的目的,同时保证需求分析工作的正确性、完整性、有效性、合理性、可确认性、可实施性,保证效能评估产生的结果是可应用可实施的,是公司真正所需求的结果。需求分析的特点是需求的完整性、一致性和可追溯性。因此在需求分析之前我们必须建立需求分析技术层面的基本框架,从技术上保证需求分析的要求,在此基础上我们进行的需求分析才能满足项目对需求分析的要求。需求分析评价指标主要包括功能性、完整性、正确性、逻辑性、表现性、合理性,可实施性等指标。

(二)确立评估目标

确立评估目标的原则与方法。如果通过评估需求分析,认为被考察的效能评估项目完全没必要进行评估,则可以直接得出评估结果。反之,若经过效能评估需求分析后，明确此次机构效能评估对于公司的顶层设计的重要性和意义重大，则开始进行效能评估的下一步，即确立评估的目标，也就是确定“评估要达到什么目的才能说明本次效能评估是成功的”。确定效能评估目标是进一步开展实施机构效能评估的基础，决定着评估深度和评估方法的选择。评估目标的实现程度是衡量机构效能评估目的达成度的重要指标。因此对评估目标的设立要具体、明确并可衡量（符合 SMART 原则），这样才利于获得可靠的评估数据。

（三）制定评估计划

确定机构效能评估的目标后，便需要根据效能评估具体实施环节的独特性设计评估的具体工作计划，包括确定评估主体、评估深度、评估工具。评估主体包括被评估机构的员工与领导层、评估实施部门、各相关职能部门等。选择评估主体，让他们对被评估机构的效能进行评价，可以从不同角度有效地了解对该机构进行效能评估后其机构效能的改善。效能评估评估深度的确定是制定评估具体工作计划的一个重要环节。评估深度越大，则评估难度越大、评估越具体、效能评估越全面、翔实。具体评估深度的确定，要根据时间、经费、人力、物力、领导要求等综合决定。常见的评估工具有调查问卷、民意测验、面谈与访谈、业绩报告、实地调研考察等。每一个评估工具都各有特色，而所需要收集的效能评估的数据资料分为定性数据与定量数据。机构效能评估应以收集的定量资料为主，同时辅助调查报告、问卷、面谈的形式等收集到的定性数据，具体选择时要考虑数据的使用目的、内容的有效性、评估的稳定性等因素，同时务必将评估深度考虑在内。

（四）组织实施评估

组织实施机构效能评估，包括评估时机的选择，评估数据的采集和模型分析处理。评估时机的选择，对于保证评估结果的客观公正十分重要。有的评估数据要在评估前或评估过程中获得，否则时间一长，导致调查数据失真；有的评估工作则需要在评估结束一段时间后（如 3～6 个月）进行，太早被评估机构还没有足够的机会施展新技能。进行效能评估的模型分析处理之前，企业 HR 部门必须将评估前后所需的数据收集齐备，因为效能评估数据是模型分析处理的基础，也是考察效能评估质量的重要指标。效能评估数据按照能否用数字来衡量可以分为两类:硬数据和软数据。硬数据是改进情况的主要衡量标准,常以比例的形式出现,反映的是一些较容易收集的且无可争议的事实。硬数据可以分为四大类:产出、成本、质量和时间。常用的软数据可以归纳为:员工态度、能力、管理技能、组织氛围和工作主动程度等。效能评估数据收集的关键是评估组织实施人员和相关部门管理人员的密切配合。另外,根据机构效能评估深度的不同,可能要集中收集一次、两次、三次或四次数据,相同的效能评估方案,最好选择同一时间范围,便于今后进行比较分析。

(五)反馈评估结果

在机构效能评估的过程中,评估的组织机构应该重视对评估结果的反馈,同时在沟通评估信息时,评估的组织机构应该尽量做到信息的真实可靠,不存偏见。另外,在一般情况下,有五类人员和部门必须得到效能评估的结果,即 HR 部门、公司管理层、被评估机构的领导人员、被评估机构的员工和评估组织机构。在进行评估结果反馈时,对上述五类人员要区别对待,不能不分重点,采取完全一样的做法。对于人力资源开发人员的反馈报告应侧重于评估项目设计本身的评估,对于管理层的反馈报告则对成本和收益(企业绩效、核心能力)等作详细的汇报,对于员工和其直接上司的反馈报告则侧重反映评估考核的结果与工作绩效的改进等,对于评估组织机构的反馈报告应侧重反映被评估机构员工及其管理者对评估实施、评估人员、评估方法等的意见。

(六)运用评估结果

很多企业以为评估完了,工作也就结束了,其实不然。首先应该是将评估结果应用起来,有奖有罚,使得相关机构部门的领导及其员工能体会到工作干好了的乐趣;其次,一部分员工也知道,干得不好会得不到奖励甚至惩罚,通过对评估结果进行分析应用,查漏补缺,以便今后进行评估流程设计的再优化,提高评估工作的有效性;最后,效能评估的结果也可以应用到员工层,例如可将机构效能评估结果与该机构部门的员工业绩表现、能力和态度与员工任用管理、员工薪酬、员工培训开发,以及员工职业生涯规划等联系起来,促使员工重视工作绩效的改善与提高,努力提高本机构的运行效率，从而营造一种业绩导向、可持续发展的企业文化氛围。

效能评估结果的合理应用是企业机构效能评估在未来能够获得良性循环的有效保障，这就要求评估管理人员一定要以严谨、科学的态度和高度的责任感对待效能评估工作。机构效能评估是一项很复杂的管理活动，企业的各个部门之间也存在着不同的差异，因此，机构效能评估没有一个固定模式，在评估时，只有需要视不同的情况选择适当的评估工具，才能得到真实客观的评估结果。

第二节 评估准备

做好评估准备是确保机构效能评估顺利实施的前置工作。评估准备阶段作为效能评估流程设计的首个阶段，评估准备的完善程度直接影响后续评估实施及评估效果的好坏。本节内容包括评估需求分析、明确评估目标、制定评估计划等。

一、评估需求分析

(一)首先明确进行机构效能评估的必要性

有的企业实施机构效能评估，往往是一时兴起或盲目跟风；有的企业是为评估而评估；有的企业虽然进行了评估需求分析，但分析得不够科学、细致，没有将企业领导的要求和效能评估的价值管理很好地结合，以至于评估需求过多或过深，甚至不明确，使评估变成一种应急式的工作，既浪费了企业的评估资源，又得不到应有的成效。所以，必须对机构效能评估需求进行评估，以确定评估的必要性，并将评估中存在的不合理问题扼杀在萌芽状态。

(二)其次确定效能评估需求的来源

公司领导层的要求是效能评估需求分析的重要来源。公司领导层作为企业的最高决策者，能从企业的战略高度出发，总揽全局，合理科学配置企业评估资源，正确决策效能评估的命运。因此，企业领导层要求进行机构效能评估，通常是对企业潜在价值巨大、影响深远的评估项目，进行机构效能评估的意义重大，必须开展评估。

（三）最后确认效能评估需求分析的方法

评估需求分析中所使用的最典型的方法是访谈、评估档案查阅、问卷调查等。访谈对象主要为公司领导层、职能部门负责人；评估档案查阅只对已建立评估档案制度的企业有意义；问卷调查则可以征求更多人士的意见，集思广益。值得注意的是，机构效能评估需求分析的科学性不仅取决于所使用的调查方法，同时也取决于 HR 部门与职能部门需求的统一程度，如果两者不统一，就无法形成合力，若再沟通不畅，评估结果就会大打折扣。

二、明确评估目标

企业落实“放管服”改革要求，以推进职能优化、协同高效为着力点，按照相关原则，构建战略新兴业务单位机构效能评估模型及评价指标体系。全面分析决策层、管理层和基层的评估需求，有效应用评估结果，可以助推公司“一体四翼”发展格局落地，为助推新型电力系统转型升级提供坚实的组织保障。

三、制定评估计划

细致完善且科学合理的评估计划既是评估准备工作的关键一环，又是确保评估工作顺利开展实施的重要保障。因此，制定翔实完备的评估计划意义重大。本节有关评估计划的内容包括明确评估目的、评估原则、评估作用、评估对象、评估机构与组成人员、评估方案。

（一）评估目的

1. 机构效能是衡量组织能力的最终标准

彼得·德鲁克认为，机构效能是指尽可能充分利用可获得资源去实现目标的能力，是组织实现目标的能力及基于能力实现的结果的结合。西肖尔则提出机构效能是衡量企业经营好坏的各种评价标准的综合。在实践中，机构效能有别于组织绩效。就目的性而言，机构效能是准确定位经营管理质量，而非用于考核评价；就评估维度而言，机构效能关注整体经营表现和能力，而非单纯的财务效果；就周期性而言，机构效能评估周期契合企业经济周期，宜采用长周期评估，而非即时反馈的短周期评价；从结果应用而言，机构效能评估结果可作为企业统一管控策略，促进资源优化配置、精准施策的依据，而非用于奖罚。

2. 机构效能评估是适应环境、提升竞争力的需要

从外部看，评估机构效能是为了应对环境和组织管理的新挑战。企业要想获得良性发展并保持持续成功，对外只有保持对环境的适应性和商业敏感度，才能获得持续的竞争优势和资源整合优势。从内部看，评估机构效能是为了保持组织竞争优势和健康发展。机构效能是企业所拥有的能力、效率、质量和效益，是竞争优势的一个重要来源。能力是组织运作的基础和发展潜力，包括土地、资本、资源、工具、技术、人才和组织能力等。效率是任何一个组织的天然要求，组织的存在就需要不断提升效率，效率包括管理效率和运营效率。质量是指组织所提供的产品(服务)的品质或功能满足目标客户的需求，真正体现组织存在的价值。效益是指增加值或附加价值，是组织运行的产出，也是组织存在的基础，包括利润、员工报酬、税收、利息和折旧等。

3. 机构效能评估具有多重价值

机构效能的价值，可以形象地比喻为晴雨表、体检机、报警器、导航仪。

晴雨表：即站在组织内部视角，从组织能力和组织效率出发，通过机构效能评估，可形成一套组织静态和动态监控评价指标体系，以量化数据方式，实现对组织运行效能的监测、评估和展示。

体检机：即基于机构效能各项数据，从组织模式、人才队伍、制度流程、企业文化等视角分析挖掘影响或提升机构效能的关联因素，制定针对性措施。

警报器：即通过系统评估组织运行和机构效能动态数据后，对组织资源配置效能数据，进行横向、纵向对比分析及关联指标配比分析，及时发现问题并作出预警。

导航仪:即明确组织发展的方向,基于目标导向制定行动计划和路线,通过阶段性的审视和评估,主动调整、及时纠偏,确保组织发展目标有效落实。

4. 机构效能评估是组织发展的内在要求

第一,应对环境和组织管理的新挑战。企业要想获得良性发展并保持持续成功,对外要保持对环境的适应性和商业敏感度,对内要定期对组织运行的状况进行分析评估,从而获得持续的竞争优势和资源整合优势,这是当下和未来组织管理的一个重要命题。

第二,保持组织竞争优势和健康发展。组织能力是企业所拥有的反映效率和效果的能力,精心培养的组织能力是竞争优势的一个重要来源。上下同心追寻共同目标,持续创新和不断适应市场变动,并保持良好的财务和运营绩效,是组织健康度的重要体现。

第三,协助决策层审视和提升组织能力。人力资源管理大师戴维·尤里奇认为,真正 HR 转型是聚焦业务的,通过 HR 转型,重新定义组织内部 HR 的工作方式,由此来帮助组织实现对客户、投资者和其他利益相关者的承诺。HR 转型应有两类成果,一是"利益相关者期望"得到满足,二是提升组织能力。因此 HR 要以业务为起点,跳出专业的深井,通过机构效能评估的实施,协助决策层审视和提升组织能力。

(二)评估原则

1. 系统性原则

系统性原则要求评估指标体系能够全面、系统地反映电力公司各内设机构相关组织效能的数量和质量要求。构建效能评估体系及机构效能评估流程设计,都要做到方法上的科学性、评估体系的完整性和评估效果的相对合理性。首先,系统性原则要求指标体系必须全面地体现所要达到的目标的整体,指标的内容应该能够全面、系统地反映电力公司各内设机构的目标和要求。其次,系统性要求所选指标反映不同的侧面且具有代表性。再次,设计评估指标体系的方法应采用系统的方法,例如系统分解和层次分析法,由总指标分解成下级子指标,再由下级子指标分解成再下一级子指标,并组成树状结构的指标体系，使效能评估指标体系的各个要素及其结构都能满足系统优化的要求。通过统筹兼顾各项指标之间的有机联系方式和合理的数量关系，达到电力公司各内设机构效能评估指标体系的整体功能最优。

2. 可行性原则

可行性原则首先，指标体系要具有针对性。电力公司内设机构的效能评估指标体系应该结合当地的实际来制定，凸显其地域特色和优势。其次，评估指标要具有可测性。可测性是指评估指标可用操作化的语言定义所规定的内容，并运用现有的工具测量获得明确的结论。本研究坚持所选择的指标具有可量度性，且能够实际取得数据。能选用定量指标进行测量则尽量采用定量指标，无法用定量指标衡量时再采用定性指标，定性描述也应该具有直接可测性，以增强测量结果的准确性和客观性。最后，机构效能评估指标要具有现实可行性。在具体指标的选择上尽量选取具有共性的综合性指标及保持口径的统一，指标体系的设置避免过于烦琐，指标含义明确，同时效能评估指标体系所涉及的数据资料便于收集，这样才能使其运用具有较强的可操作性。

3. 可比性原则

评估的结果最终会体现出效能有优劣之分。比较的方式有横向比较与纵向比较。就外部评估角度来看，各地市电力公司内设机构之间进行效能评估体现横向比较。从内设机构自身评估角度而言，效能评估体现纵向比较，反映各内设机构自身发展不同阶段的效能情况。可比性原则既要求进行跨地区横向的比较，又能对同一内设机构在不同时间上的效能评估进行历时性纵向的比较，即指标体系应符合空间上和时间上的可比原则。这就要求要保证各指标具有独立性，同一层次上的指标之间不能交叉重叠。同时评估指标必须反映各电力公司内设机构的共同属性，即保持质的一致性，这样才能比较两个具体评估对象在这一方面量的差异。在运用机构效能评估指标在不同地区之间进行横向比较时，要求除指标的口径、范围必须一致外，一般用相对数、比例数、指数和平均数等进行比较，这样才具有可比性。

4. 科学性原则

科学性原则主要体现在理论和实践相结合，以及所采用的方法是否科学等方面。首先要以科学的理论为指导，使电力公司内设机构效能评估指标体系能够在基本概念和逻辑结构上严谨、合理。抓住电力公司内设机构的工作实质,并具有针对性,能反映其职能工作的客观实际情况。其次,评估指标体系是理论与实际相结合的产物,无论采用什么样的定性、定量方法,还是建立什么样的模型,都必须是客观的抽象描述,要抓住最重要、最本质和最有代表性的东西。对客观实际的抽象描述得越清楚、越简练、越符合实际,科学性就越强。最后,科学性原则要求指标的选择应能体现电力公司机构效能的实质含义,力求全面、综合、系统,能从不同侧面刻画机构效能评估的全貌。因此,指标的选择、指标权数的确定、数据的选取计算必须以科学理论为依据,有目的地设计电力公司内设机构效能评估指标并确定其名称、涵义和口径范围等,在理论上要有科学依据,在实践上要可行而有效。

5. 简单化原则

事情一般都是从简单开始,慢慢地转变为复杂。世界上复杂的事物或道理都是可以还原成最简单、朴素的形态,这种还原就是简单化。简单化就是遵循矛盾发展的规律,去粗存精,去伪存真,演变成科学理论的认识过程;简单化也是抓住事物的本质,删繁就简,去枝留干,寻找事物发展规律的实践过程。所以说简单化原则是指导开展认识实践活动的一条基本准则。在电力公司内设机构效能评估时,简单化原则就是对其评估指标体系的设计、指标的选取、留存,以及效能评估的步骤、程序等进行优化,删去繁杂不必要的流程,合并重复或可兼并的流程,保留对反映机构效能真实水平真正起到促进作用的评估流程,梳理流程中涉及的人和事,最大限度地提高效能评估的效率。

6. 整体最优化原则

电力公司内设机构的机构效能评估流程设计与优化不是简单地优化某个环节的流程,而是要站在公司整体的视角上来考虑问题,要以促使企业目标的达成为最终目的。因而效能评估的流程设计与优化需考虑与公司的战略保持一致。要有效实施基于公司战略的效能评估,就必须将效能评价指标体系与公司战略目标紧密结合。如何将公司战略目标进行传递,实施目标分解是常用方法。首先,分解公司战略目标到部门工作目标,再将部门工作目标转化为关键的效能评估指标,以战略为导向为机构效能评估提供系统指导,促使部门成员为实现效能目标作出最大的努力。同时效能评估的流程优化设计要符合公司战略目标与整体发展实际情况，要能落地可行。公司内部各机构间要摒弃利己思想，共同努力优化机构效能。此外，效能评估指标体系的构建以及整个评估流程设计的各个细小环节，从评估开始到评估结束都需要实现整体最优，以满足企业发展需要。

7. 参与性原则

企业内部规则的制定与决策的执行需要动员员工广泛参与，提高他们对规章制度的了解与认同度。因而机构效能评估指标的选择与确定需要符合参与性原则的要求，使得部分一线员工能够参与其中，这样不仅可以增强公司员工的团结，展现优秀的企业文化，而且在管理方面，有利于维持流畅的沟通渠道，使新的效能评估政策可以更好推进。此外让被评估部门参与效能评估指标的确定决策不仅能够帮助公司领导层更好地掌握企业的实际情况，还能对制定合理的机构效能评估指标体系产生积极影响，从而提高基层员工对效能评估工作的认同度与参与积极性。效能评估负责人和部门管理者的参与有益于部门效能评估评价指标的确定，采取多方沟通交流、共同参与的方式下达评价指标，能保证效能评估计划制定的科学性、合理性。

8. 动态调整原则

组织内部的规章制度并不是一成不变的，同样电力公司需要跟上组织外部环境的发展，因而需要不断适应外部环境变化，为此电力公司内设机构的组织效能评估指标体系需要适时作出相应的调整，其机构效能评估指标需要动态更新，以此提高机构效能评估的适应性。因此，动态的调整对电力公司自身而言意义重大，它使电力公司内设机构效能评估更有针对性，更具真实性。动态调整原则要求效能评估需要坚持动态评估，坚持问题导向、目标导向，以及强基导向三方互动结合，以“目标导向不偏、问题导向不变、强基导向不松”为原则，突出效率效益效能，快速响应公司发展战略和业务需求，动态开展机构效能评估工作，客观反映机构健康情况，提升机构编制资源利用效益，为推进机构优化和管理提升提供决策支撑。

（三）评估作用

机构效能评估作为激发引导员工效能达到组织效能优化提升的关键过程，具有以下五个方面的作用。

1. 支撑企业战略目标的实现

机构效能评估为实现企业战略目标服务，组织效能指标体系构建的目的是围绕着企业战略目标而制定的。遵循战略一致性的原则，根据组织整体效能评估指标体系分解得到的各内设机构效能评估指标体系也是以企业战略目标为依据的。因此，机构效能评估在实现企业战略目标的过程中具有支撑作用。

2. 承上启下

在组织效能、机构效能与员工效能三维一体的效能体系中，组织效能是员工效能和部门效能的矢量和整体反映，机构部门的效能又是员工效能的整体和矢量反映。组织效能和机构效能来源于每个员工的个人效能。员工不成功，部门没有成就，组织也就没有辉煌；组织没有成功，部门就没有成就，员工也失去了收获和回报。因此，电力公司内设机构的部门效能评价在这三维一体的效能体系中起到承上启下的作用。

3. 提升机构部门服务水平

不同的部门担负不同的企业职责，不同的职责也具有千差万别的服务对象。因而进行电力公司内设机构的效能评估就是要区分出各部门履行各自职责的质量，找出其中的薄弱环节，并采取措施加以改善，从而不断提高整个部门的服务含金量。

4. 强化机构之间协作与配合

在履行机构部门职责的过程中，只有综合考虑本机构部门的内部人员合作情况和各机构部门之间的人员协作情况，才能提高各内设机构的整体效能水平。这在无形当中，进行各内设机构效能评估就强化了各机构部门之间的协作和配合关系。

5. 激励部门员工

机构部门效能评估将责、权、利进行结合。通过全面、正确、客观地评价各内设机构的效能，并将评价结果与部门的利益相结合，然后从机构部门利益的角度来调动起员工的积极性。作为现代企业管理中一项重要内容和公平奖惩手段，机构效能评估为部门员工的奖惩和选拔提供重要的依据。

(四)评估对象

在制定具体的机构效能评估计划与方案前，需明确此次机构评估对象，即要确定具体的电力公司评估内设机构，并根据其特点、性质，确定在评估中需要着重解决的问题。本次机构效能评估围绕国网安徽电力，选取改革重点涉及机构为评估对象。按照循序推进、分步实施的原则，考虑直属单位与供电公司业务内容差别较大，第一阶段机构效能评估对象选择地市公司层面的输电运检中心、变电运维中心、变电检修中心(变电二次检修中心)、网格化供电服务中心、电力调度控制中心、信息通信公司、配网运营中心、电缆运检中心、电费计量中心、经济技术研究所、物资供应中心、综合服务中心等 12 类业务机构。待评估方法成熟后，第二阶段开展直属单位及其内设机构评估工作。

(五)评估机构与组成人员

为加强机构效能评估工作管理，明确相关人员的工作职责，切实达到效能评估工作的目的，需成立效能评估机构。成立效能评估机构与确定组成人员是开展效能评估准备阶段的重要一环。公司相关部门在收到可行性研究报告后，就要组织评估小组，明确人员分工，确定此次评估负责人，并根据评估工作的性质、特点、评估内容和时间要求等，制定切实可行的工作计划。公司层面需成立评估委员会并确定相应的组成人员，为此成立评估工作组并指定评估主管，由公司人力资源部进行统筹并确定各内设机构效能评估主管，由各内设机构效能评估主管负责组建效能评估小组专门进行机构效能评估评估活动。效能评估小组组成人员以人力资源部员工为主，此外，还包括当地内设机构职能部门的相关人员，负责进行各内设机构效能评估数据的收集、整理以及产出最终的效能评估数据结果。

1. 评估机构

一般应设立评估委员会，作为机构效能评估的领导、监督、仲裁机构，主要负责机构效能评估方案的审批、机构效能目标责任书的审批、效能结果的最终审批、效能评估结果申诉的最终裁定等。

评估委员会由公司总经理、机构部门经理、HRA 总监等人员组成，评估委员会设主任1人，由总经理担任。评估员会每季度初召开一次会议，对上季度机构效能评估情况进行总结，并对本季度的评估工作进行安排，会议由评估委员会主任主持，评估委员会主任具有最终裁定权，评估会日常工作由人力资源部负责组织实施。

主要职责：负责机构效能评估工作的组织领导和协调；负责指导工作实施推进，定期听取工作小组的汇报；负责决策并协调解决工作推进过程中的重大事项；负责统筹工作资源安排，负责工作小组组建及人员的最终确定工作；负责工作的组织推进，并进行指导督促和评价考核。

2. 人力资源部

人力资源部是机构效能评估工作的组织实施机构，负责机构效能评估的组织、协调、督促、检查、申诉调解、总结等工作。

主要职责：负责落实评估领导小组的相关决策和部署；负责协调落实机构效能评估在各相关部门的职责要求；负责实施推进和跨部门协调，定期协调会商，及时研究解决工作中遇到的问题，做好各阶段重点工作安排，为高质量完成评估工作提供支撑；负责工作实施所需的各种配套资源的供给和保障。

3. 其他各相关部门

其他各相关部门是效能评估工作的具体实施者，负责各自机构部门内效能评估的具体实施、评估进度的反馈与沟通，评估结果的汇总以及参与对相关部门的评估等具体工作。

(六)评估方案

1. 评估方法

(1)定性评估。一是开展自评估，市县级公司结合机构优化的文件要求，劳动组织管理人员每年对新设立的机构、定期对常设机构进行自主评估，重点对机构的运转流程、协同机制、业务饱满量、人才培养等维度进行评价分析；二是开展专项评估，结合年度重点调研课题，公司统一组织开展专项调研评估，重点针对特定类型的机构的共性问题、突出矛盾进行座谈交流，听取基层单位各层级负责人对机构优化的意见建议，评估机构设置的合理性与整合的可行性。具体做法是：采用定性评价方法的评估维度，针对缺少定量分析数据的评估指标可采取以问卷调查为主,以访谈、工作日写实等方法为辅,归纳得出该指标维度的定性数据,并获得相关调查人员提出的建议等明确结论。定性指标评估由专家委员会对各评估项进行分档,从而得出相应得分,各项指标评价得分根据权重汇总,即为定性指标评估最后得分。

(2)定量评估。一是开展分类评估,地市公司同类机构效能评估,采用“四象限法”进行评估,即选取态度、能力等十个维度,采用加权法计算各地市公司两类指标得分,每类指标的平均值作为标准值,将省内 16 家地市公司机构纳入四象限内。二是开展分层评估,公司对各地市公司机构进行评估,建立指标体系及方法论;各地市公司根据自身实际,对所属县级公司各级机构开展评估。

定量分析得分为各评估维度得分加权计算结果,各维度及权重根据评估对象和评估目的按需确定。公式如下:定量分析得分＝维度 1 得分×A＋维度 2 得分×B＋维度 3 得分×C＋…,其中,A、B、C…为各维度权重,权重由 AHP—熵权法确定。具体操作如下:首先开展分类评估,地市公司同类机构效能评估,以机构效能评估指标体系为标准,每个指标的得分要做数据的标准化处理,采用“AHP—熵权法”加权法计算各指标、各维度、各机构的效能得分。

2. 评估动员

为了确保机构效能评估能够成功实施,在确定评估方案、构建效能评估指标体系、明确评估步骤与实施计划等一系列效能评估流程设计工作时,都需要在公司内部实施相应的评估动员活动,提高公司上下层领导与员工对效能评估的了解程度和支持力度,以确保机构效能评估活动的良好开展,能够准确测量出各内设机构效能的真实水平,运用组织机构效能评估结果指导各内设机构进行机构设置优化、人员配置优化、组织运行效率改进提升以及后续机构效能改进优化工作的实施。评估动员需要达到的目的和具体实施活动可概括为以下几点。

(1)获得公司高层领导的全力支持与参与

公司高层的支持和决策对机构效能评估的开展起着重要的作用。此次效能评估指标体系的构建和评估流程的方案设计需要同公司高层领导谈话,双方在效能评估沟通会上达成一致,获得公司部门负责人的认同和支持,切实保障后续效能评估活动的顺利推行。此次效能评估方案的改变及评估指标体系的变动使得各内设机构开展的评估活动,其中遇到的阻力本来是可以预见的,但因为公司高层在会上,提出机构效能评估流程优化作为公司的一个常态化管理,指出任何评估体系都不可能是固定不变的,而是动态调整的,要根据企业的发展随时进行维护与调整。因此,通过评估动员大会获得公司高层的大力支持,且因是在大会上高调地谈论与通知此事,在会后与各相关部门的沟通与协调就变得比较轻松,也调动了各机构部门对于此事的积极性,为后续机构效能评估开展铺平了道路。

(2)加强全体员工的认可度和参与度

机构效能评估的顺利开展不光要获得高层领导的支持,还需要全体员工的参与和支持。只有获得全体员工对评估指标体系的认可才能使评估活动顺利实施下去。在评估指标体系的优化改进之初,光有高层在会议上的支持还是不够的,还需要趁热打铁,趁着大家都对评估活动的开展有一定了解之后,尽快以访谈的方式找到各机构的每个关键人员沟通,了解大家对新的效能评估指标体系的一些想法,互相沟通,对一些合理有效的建议进行采纳,这样让评估流程上的每个人都能参与进来,有利于快速拉近双方的距离,避免员工因思维固化带来的不愿改变的抵触情绪,有利于获得全体员工的认可,也为接下来实施效能评估打下群众基础。

(3)开展机构效能评估的相关培训

开展机构效能评估培训,对优化改进后重新确立的评估指标体系的顺利实施起着关键作用。此次机构效能评估的具体实施与流程设计的相关培训工作,由人力资源部门牵头并组织机构效能评估实施开展等具体评估内容的相关培训。

首先,机构效能评估培训帮助部门领导和员工了解效能评估的相关理论概念,重点讲解效能评估的目的、基本理念、原则、定义、常见的方法以及评估的具体实施过程等。

其次,在员工都对效能评估有一定了解之后,再详细介绍公司优化改进后的机构效能评估指标体系及评估实施流程,先是效能评估的步骤及程序流程总览,随后对每个阶段进行详细讲解,包括评估准备阶段、评估的具体实施阶段以及评估结果的深化应用阶段等,其中还包含中期阶段如何制订具体的效能评估细则等。对此次效能评估指标体系构建中遇到的问题也以深入浅出的方式为大家答疑解惑，提高大家对本公司效能评估具体实施流程的认识，了解效能评估优化对企业战略目标达成的重要性，这不仅对公司整体战略目标的实现极其重要，对公司内部各部门间的沟通交流与协作也非常重要。细致做好机构效能评估工作，要有利于促进公司整体组织效能的提高，以及帮助提升公司管理层与领导人员管理能力的提升。

最后，开展机构效能评估培训工作，要依次讲解评估指标体系构建优化及实施机构效能评估工作的重要性和必要性，能够提升员工与部门领导对机构效能评估的重视度；让员工对优化后效能评估流程有个全面的认识，方便员工快速上手优化后评估指标，帮助提升员工个体的工作效率，进而利于提升机构部门整体效能。此外，培训也让员工认识到机构效能评估需要跟随时代发展，需要将定期进行效能评估流程优化改进这一理念牢记于心，将效能评估流程优化与持续改进联系在一起，共同探索更符合电力公司的规范化管理的评估流程设计。

第三节　评估实施

效能评估实施作为效能评估流程设计的关键步骤，保证效能评估实施工作的顺利进行，并对实施中的关键节点加以控制，能够为得到科学准确的效能评估结果提供过程保障。本节内容包括评估进度安排、操作步骤以及评估实施中的访谈与问卷调查方法等。

一、评估进度

（一）评估周期

机构效能评估周期一般为一年。

（二）进度安排

评估准备、评估实施和评估结果应用三阶段的具体进度安排如下图 5-3

所示。

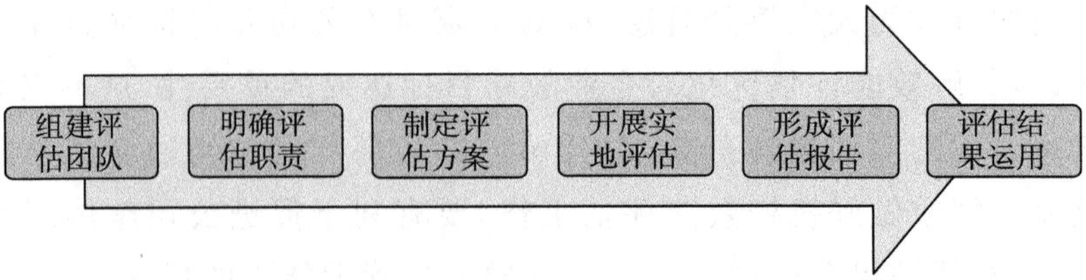

图 5-3　效能评估实施进度安排

1. 评估准备阶段

(1)组建评估团队

成立机构效能评估工作领导小组,下设评估工作小组。

(2)明确评估职责

人资部组织开展机构效能评估指标体系的基础数据收集,组织相关人员开展专题培训,开展效能评估前期准备工作。评估工作小组集中学习机构效能评估工作方案,准确掌握方案的核心思想和主要内容。

2. 评估实施阶段

按照已修订的机构效能评估指标体系,公司人资部组织开展地市公司机构效能评估,发布评估结果。坚持“统一组织、专业协同、上下联动”的工作思路,科学开展评估工作。根据评估指标特点,合理选用定量分析、定性评价等方法,在工作机制、工作范围、资料收集等方面,做好方案实施前的准备工作,确保工作进度。

(1)确定问卷和访谈内容。根据评估工作需要,设计问卷问题、答案,制作电子问卷,明确访谈内容和访谈对象,包括部门负责人、业务主管、一线人员。

(2)收集定量评估素材,涉及人均输电线路长度、从业人员工作时长、从业人员业绩考核结果等。

(3)开展问卷调查、走访调研。按照已确定的调查问卷并明确实地访谈对象,实施问卷调查,并明确收集的时限。分赴若干家地市内设机构单位开展访谈,辅助查询记录工作职责、工作记录等材料。

(4)收集定性评估素材,涉及上级调研及各来访者的评语、工作职责、业务资料、方案比对、从业人员问卷及访谈内容等。

(5)开展定量、定性素材分析。针对收集的素材,开展统计比对分析工作,整理收集评估各项数据、资料,认真研究、梳理分析,组织机构参与专业部门对评估指标初步结果进行全面研讨核实,确保评估真实准确、紧贴实际。

3. 评估结果应用

明确分工、强化协调,分专业撰写并汇总形成机构效能评估报告,最终编制出以评估结果为依据、反映机构运转实际状况的评估报告,公司人资部将机构效能评估结果反馈给各单位,各单位根据评估结果,充分探究评估结果应用的方向和范围,并根据评估结果制定机构效能改进提升行动计划。

二、评估步骤

本书依据对机构效能评估相关理论的深入研究,并结合电力公司机构效能评估的实践经验,概括和总结了机构效能评估的八个具体操作步骤。机构效能评估分为设计层和操作层两个层面。其中设计层的主要步骤包含明目标、选对象、建模型、设指标,操作层包含做评估、找参照、强应用、列计划。

(一)明确机构效能评估的目标

1. 建立机构效能评估体系

构建一套多维、全面、精准,涵盖组织经营效率类、人力资本效能类、组织健康与成熟度的评估体系,精准评估机构效能。

2. 建立整改和退出方案

建立针对低效能的组织单元的整改和退出方案,提升整体机构效能。打造组织效能分析和决策支持平台,专注高效业务运营,提升组织整体活力和效能。

3. 常态化监测组织效能动态

动态评估,实证测算。基于数字化的组织效能评估模型与指标体系,动态采集数据、定期开展组织效能评价,为组织变革及发展提供决策依据。

（二）选择组织效能评估的对象

依据组织效能评估与应用的范围、组织变革和干预的难度，组织效能评估主要分为单位效能评估和内设组织效能评估。

单位效能评估是指对单位自身或所属单位开展的评估工作，重点在于分析单位整体运行情况，评估其职能定位、目标执行、组织架构、部门设置、岗位体系、制度流程、业务协同、用工配置、队伍建设、效率效益等的完整性、匹配性、协同性和有效性。

内设机构效能评估是指对单位内设的事业部、业务机构、职能部门，以及平台化部门等各类机构开展的评估工作，重点在于评估内设机构设置的战略目标承接能力、机构设置适配性和调整的灵活性、与业务关联机构的协同性、机构运行的整体效益或管理的有效性等。

（三）明确评估维度指标

基于机构效能理论工具与外部优秀实践、企业发展战略等提取评估维度。这一阶段尽可能全面提炼机构效能评估指标，形成能力性、效率性、效益性等基本维度。其次对指标进行分类与归纳，纳入一级维度，形成一级评估维度与二级评价指标构成的机构效能评估模型基本框架。

(1)一级维度既可采取机构效能定义所包含的能力、效率、质量、效益四个维度，也可归纳为投入、过程、产出等三个维度，确保一级维度“全面、无遗漏、相互独立”即可。

(2)二级指标要考虑短期与长期、定性与定量、财务与非财务、过程与结果之间的平衡，从类别上可以划分为 4 类：质量类，数量类，时间类，成本类。

(3)本研究基于 SOR 的价值链环节形成态度、能力、创新、质量、协调等 10 个基本维度，维度之间以价值链链接。具体示例如下表 5-4 所示。

表 5-4　机构效能评估维度及指标

序号	环节	维度	代表性指标
1	输入	态度	员工态度、机构态度
2		能力	技能等级、人均培训费
3	转换	创新	科技成果、管理创新指数
4		质量	用户平均停电时间、台区综合线损率
5		协调	回单及时率等
6	输出	数量	人均营业户数、人均输电线长度
7		满意度	运检类等各类投诉率
8	相关环节	安全	人身伤亡事件数
9		就业	年度提供外部就业人数
10		生态环境	环保、双碳

(四)开展具体的机构效能评估工作

机构效能评估的具体操作,主要围绕以下 8 个步骤展开。(见图 5-6)

图 5-6　机构效能评估的流程示例

职责分工是机构效能评估的基础,主要目的是建立评估工作组,明确分工和工作机制。评估周期,即多长时间组织一次机构效能评估。通常情况下单位层面的评估周期为 1 年,内设机构的效能评估最短为 3 个月,一般不超过 6 个月。评估流程即设定评估工作各环节的操作步骤和细节,但在评估实施之前,要对评估对象和工作组进行宣传,进一步明确评估的目标、方法和操作细节等,之后即依据分工和流程,开展具体的评估工作,对收集的评估数据进行整理和分析,并给出初步的评估结果,同时对评估工作本身进行复盘。一旦效能评估工作步入正轨,应建立常态化、标准化评估机制,动态迭代,持续推动组织战略目标的实现和机构效能的提升。

(五)机构效能评估结果对比

机构效能高不高,好不好,需要与具体目标进行对比分析。针对不同的对标对象,对标的内容和对标的目的也不尽相同。(见图 5-7)

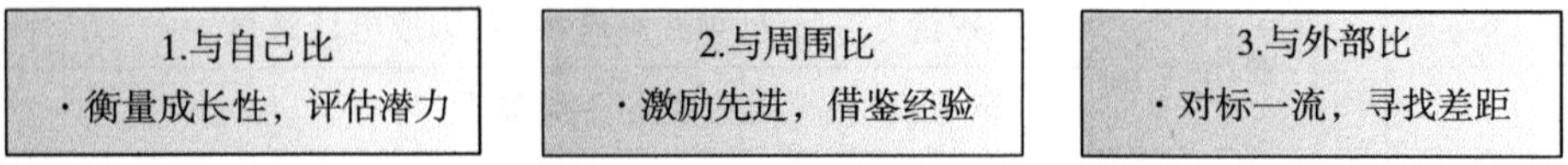

图 5-7　机构效能评估结果的对标

1. 与自身比

即与历史数据比较,可以同比或环比,目的是衡量成长性,评估潜力。

2. 与周围比

是内部比较,可以在公司的所属公司之间比较,也可以在组织内部类似的部门和产品线之间比较,主要目的是激励先进,借鉴经验。

3. 与外部比

可以找同行业的竞争对手,也可以找的企业,与其进行对比。主要目的是对标一流,寻找差距。

(六)重视机构效能评估结果的应用

机构效能评估应用领域较多,可根据评估目的、应用范围、问题紧迫性、变革难度等因素进行综合考量,选择性应用,包括但不限于战略梳理、组织机构调整、业务流程再造、制度优化、用工与编制管理、产品线聚合等。前期可重点围绕人力资源领域开展应用,后期逐步扩展到战略、市场、文化等其他层面。

(七)制定机构效能提升的具体计划

依据机构效能评估结果制定组织变革计划,既可以局部调整,重点突破,也可从上到下系统布局,全面推进。机构效能提升计划可以采用

"KISS"原则进行分析和评估。(见图 5-8)

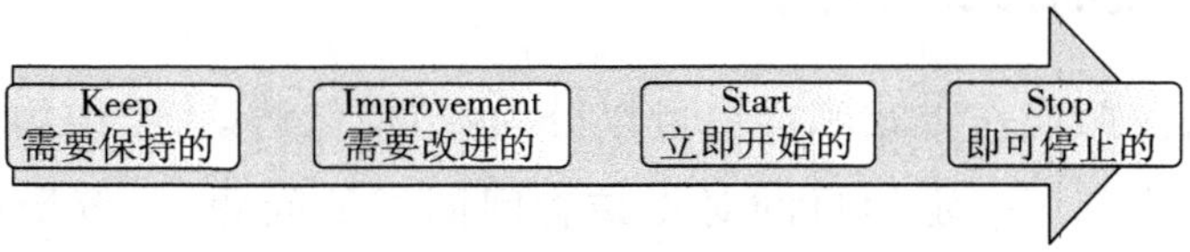

图 5-8　机构效能提升计划"KISS"原则

1. Keep,需要保持的:组织成功的关键因素是什么?如何保持这些因素并推动机构效能持续提升?

2. Improve,需要改进的:哪些要素在推动效能提升上表现欠佳?应该如何推进这些因素进一步发挥效能提升的贡献力?

3. Start,立即开始的:组织成功还需要哪些因素?哪几个是即刻需要添加并落地的?需要改进和提升的要素中,哪些是首当其冲的?

4. Stop,即刻停止的:是什么阻碍了机构效能提升或无法再推动效能提升了?通过什么手段可以停止或消除?有哪些潜在的风险或障碍?应如何解决?

三、评估访谈

(一)访谈的目的

为了对内设机构效能评估指标体系构建的完善程度有一个整体的把握,以及对优化改进后的指标体系和评估流程在各地市机构部门相关员工的认可程度有详细的了解,也为了能快速提升与效能评估流程节点上的人员的熟悉程度,方便后续对评估结果的优化、运用与推行。对现有效能评估流程中的各节点人员及多位效能评估负责人进行访谈,获得对当前效能评估指标体系的真实想法与建议,以及后期可能遇到的效能评估难题,并听取其对出现问题的处理方式与相关建议,得出评估流程上相关人员对效能评估指标体系的满意度等,最终归纳分析效能评估指标体系构建存在的优势与问题。

(二)访谈的形式与对象

访谈法按照操作方式和内容可以分为:结构化访谈、半结构化访谈。结构化访谈是指基于一定的目的对受访者问同样的问题,了解受访者对特定问题的看法。采用结构化访谈可以得出结构化的报告,比较直观地分析结果。半结构化访谈是指无控制或者半控制的一种访谈,没有提前准备详细的访谈大纲,或者只是准备了一个题目或者大致范围,具体问题需要在访谈过程中边谈边提出,在访谈中也会有一些探索性的问题提出。另外,访谈法按照访谈的对象和人数可以分为个别访谈和集体访谈。本次访谈形式多采用半结构访谈和个别访谈的形式,访谈的对象包括内设机构效能评估流程中各个节点的相关人员、评估负责人、各相关职能部门的核心员工等。

(三)访谈提纲

为了保证访谈的内容完整性和有效性,需要做好访谈前的准备工作,其中最为主要的是要对访谈内容充分熟悉,所以需提前准备访谈问题大纲,大纲内容示例如表 5-5 所示。

表 5-5 访谈问题大纲示例

序号	问题大纲
1	您的主要岗位职责是什么?上级是哪位领导?
2	您对于当下机构效能评估工作的整体印象是什么?您认为主要原因是什么?
3	说说当前机构进行效能评估时您遇到的相关问题。
4	您认为此类效能评估流程中遇到问题的主要原因是什么?
5	您对新一轮机构效能评估指标体系构建情况的了解程度如何?
6	您认为优化后的机构效能评估指标体系是否实现优化提升的目的
7	您认为改进后的效能评估指标体系还有哪些问题在未来需要继续优化?

通过受访谈者讲述曾经在效能评估过程中遇到的管理难题,根据问题展开并了解原因及后续沟通处理的结果。另外,在访谈中也会根据访谈内容临时性地探讨一些相关问题,最后与受访谈者交流,希望此次访谈能得到的一线员工的工作经验,能够进一步指导未来效能评估指标体系的不断优化与完善。

(四)访谈结果

访谈结束后,将访谈结果分类总结整理,如表 5-6 所示。基于访谈记录最终梳理出当前效能评估程序中存在的主要问题及优化后的效能评估指标体系在实际运用中存在的不足,以便今后更进一步地分析及优化效能评估方案设计。

表 5-6　访谈结果分析示例

序号	内容汇总要点	归类方向
1	评估人员权限不够,评估负责人身兼多职,权责不对等	评估前期准备阶段
2	评估指标的专业性、全面性与应用性	指标体系构建阶段
3	评估的节点流程管控,节点评审专业性,对出现问题的预估	效能评估实施阶段
4	评估结果的总结反思与优化提升方面	评估结果应用阶段

四、问卷调查

问卷调查法是调查者将事先设计好的问卷发放给被调查者,让其在规定时间内回答完毕,然后收回并进行汇总统计,以取得所需资料的一种调查方法。问卷是研究者按照一定研究目的编制的,遵循一定的维度来设计的,对于被调查的问题,研究者可以不提供任何答案,也可以提供备选的答案,还可以对答案的选择规定某种要求。针对机构效能评估指标体系中的已有数据缺失,需进行问卷调查收集所需要的数据,为此需要明确问卷调查对象以及设计好调查问卷,其中员工态度、内部协调和生态环境等评估指标是重点,需要进行问卷调查收集所需相应信息。

(一)问卷设计思路

为最大程度提升调查问卷的接受性和准确性,在调查问卷的内容形式上,全部采用客观评估应答方式进行调查。具体而言,对于旨在了解受访者对机构效能评估的认知水平以及所在公司对效能评估的实施情况的问题,主要设计和采用不定项选择型问题,以给予受访者充分的选择空间,尽可能减弱调查结论可能存在的片面性;对于旨在收集和比较受访者关于实施效能评估相关建议的问题，主要借鉴李克特量表法的统计分析思路，设计和采用评分型问题，即针对调查内容提供多项影响因素，并按照受访者对该因素的认同程度由低到高为每个因素赋予“1 至 5”5 个数值，表示对应分值分别为 1 至 5 分。整张调查问卷未设计主观问答类型的调查内容。鉴于问卷调查法具有实证研究的性质与特点，能够在较短的时间内针对某一特定研究事项收集和整理具有数理统计意义的样本，进而为后续研究提供有力数据支撑，本书采用问卷调查法对机构效能评估流程中的相关人员进行数据收集并进行全面分析，将收集到的员工对效能评估的认识与意见、对效能评估的了解与认同度进行数据分析，发现效能评估实施中亟需明确和解决的问题，无疑将进一步增强理论研究的目标性、针对性。

(二)评估问卷的发放与收集

运用线下和线上两种方式进行效能评估问卷的发放，并以员工对效能评估指标体系构建的认识以及对当前机构效能的现状对调查问卷进行设计，对效能评估流程中相关节点的关键一线员工进行投放，以填写调查问卷的方式回答他们对当前机构效能的评估情况是否满意，调查了解其对当前机构效能评估中存在的问题与个人见解。为了提高问卷调查得到数据的真实性和有效性，可以让参与人员匿名填写，从而打消他们的担忧，使其遵循本心回答问题。

第四节　评估数据处理

如何通过高效、科学的数据收集方法收集真实、可靠的基础评估数据，并对数据进行科学合理的分析是获得科学、合理的评估结果的关键。本节内容主要包括评估数据的收集、整理和分析三部分。

一、数据获取

对所需机构效能评估的定性与定量数据资料进行数据收集是进行机构效能评估的重要工作。它主要是搜集在机构效能评估指标体系中不可或缺的基础数据资料和对一些无法直接获得的数据资料进行重新获取。当然，机构效能评估所需资料的搜集与获取是一项复杂、细致的工作。在数据收集过程中，一定要注意数据资料的可靠性、准确性。具体通过组织调研，围绕组织效能评估工作，由内及外开展调研收集到机构效能评估所需的真实数据，以此为后续数据分析及产生评估结果提供数据支持与保障。

（一）数据收集的方法

效能评估是一项长期、复杂的工作，对作为评估基础的数据收集工作要求很高。在这方面，国外的经验是注重长期的跟踪、随时收集相关数据，使数据收集工作形成一种制度。其主要做法包括：

1. 观察：观察现象。
2. 访谈：收集来自各方的信息。
3. 调查：采用问卷调查形式，获取缺失的指标体系中的数据。
4. 实践：亲身实践。
5. 研究：研究相关文件。
6. 减分搜查法：按职务（岗位）要求规定应遵守的项目，定出违反规定扣分方法，定期进行登记。

（二）数据收集的流程

1. 收集效能评估相关资料

评估小组根据需要，采取要求被评价对象单位提供资料、现场勘查、问卷调查与询问等多种方式收集基础资料。基础资料包括效能评估机构的基本概况、工作职责、人员配备、工作设备使用情况，以及评估自我评价报告等。

2. 对资料进行审查核实

对于收集的基础资料和相关数据，效能评估小组成员应当深入实地核实有关数据的全面性、真实性，进而整理出可供机构效能评估之用的相关资料和基础数据。

3. 对收集到的数据进行综合分析

评价资料整理出后，评估小组按照评估方案的要求进行评价工作，并作出评估的初步结论,该结论经评价单位审核后作为提交评估报告的依据。如果在评估工作中遇到疑难问题,可以聘请有关专家予以论证。

4. 具体程序如下

(1)提供基础数据:科技处、数据支持部依据管理过程中的积累,提供给各团队定量数据测评的基础数据。

(2)复查补充数据:各团队根据科技处、数据支持部提供的数据,进行补充、复查,通过电子考核系统上报考核数据,并提交定性指标评估材料。

(3)定量数据审核:科技处、数据支持部等部门对定量数据测评指标得分及其依据进行最终审核。根据各部分内容的权值比重,计算出定量数据测评的最后得分。

(4)定性指标评估:定性指标评估委员会根据团队的陈述,对定性指标评估各项指标进行评价,计算出定性指标评估的最后得分。

(5)等级评定:人力资源处汇总定量数据测评与定性指标评估得分,即为考核的总得分,按得分高低进行排序并评定考核等级。

(6)公示:人力资源处将考核结果报所务会审定后,向全体机构部门负责人予以公示,接受各部门的申诉和监督,最终确定各机构的得分与排名。

(三)数据收集的具体做法

1. 评估指标一手数据收集

数据由基层单位直接提供未加工的基础数据,在统计分析时,避免出现同源误差。

2. 问卷调查补充数据

评估针对“态度”“内部满意度”“生态环境”三指标,通过问卷调查收集数据。

3. 共性指标数据

针对一些评估单位间差别不大的指标,如“党建绩效综合考评得分”,采用共性数据。

二、数据整理

内设机构效能评估体系设计构建与实施评估之后，最终会得到相应的评估数据。效能评估实施得到的评估数据不等于最终的评估结果，不能随意简单处理，需要进行全方位的评估数据整理与分析。对收集到的效能评估数据分析整理应当包括以下四个方面：

（一）效能评估过程是否存在偏差

如果存在偏差，则分析影响因素，进行修正。

（二）影响电力公司内设机构效能评估的指标因素

对于影响其机构效能评估的指标因素，可以对效能指标权重进行分析，权重大的指标可以被视为影响因素。

（三）分析制约电力公司机构效能发展的不足因素

在本书机构效能评估指标体系设计中，机构效能的不足可从各个维度指标计算结果分析中得出，评估结果分值小的维度会被认为存在不足。从维度着手进行指标的分析，最终会发现机构效能的不足之处。

（四）评估数据进行比较，确定效能的层次

由于当前机构效能评估缺乏合理评估，所以在设计中包括了将其机构效能评估数据分析得到的评估结果进行应用反馈。评估反馈需要对评估的指标、方法和结果进行详细的说明，这样有助于各机构部门更清晰地认识当前的机构效能状况。在反馈过程中，评估主体需要与机构部门进行反复沟通。效能评估的数据分析结果需要为机构效能建设服务，这才是评估数据分析的最终意义所在。由效能评估数据整体与分析得到的效能评估的结果可以形成相应的报告，在报告中，需要明确清晰地阐述效能评估的主体、评估指标的构建过程、评估方法等，以便使组织成员能够对效能评估有全面的认识。其次，评估报告中要着重分析机构效能存在的问题，这是评估的最主要的目的。在评估问题分析之后，可针对组织状况提出建设性的可行性方

案，以此可以更好地指导组织进行效能建设。

三、数据分析

（一）数据分析的方法

数据分析分为一般分析和深度分析。一般分析是指基于汇总、分类、简单计算基础之上的原始数据的展现和对现象的一般描述。深度分析是指在数据高度集中的基础上，利用经济学、管理学、统计学等相关学科的原理、方法和模型，对大量评价数据进行多层次、多角度、多种方式的对比、分析与挖掘。

本研究采用AHP—熵权法，构建国网安徽电力机构效能评估指标体系的构成模型。AHP（层次分析法）将复杂问题中的各种因素进行条理化分析，划分为相互联系的有序层次，然后通过两两比较，建立主观判断结构，并将专家打分意见和评价者的客观判断有效结合，因此这种方法存在的缺陷是带有一定的主观性。而熵权法依据信息论的基本原理，将熵值作为系统无序程度的一个度量，因此可以用熵值判断评价指标的离散程度，充分挖掘原始数据内部蕴涵的信息，根据指标值的变异程度，确定各指标权重。AHP和熵权法各有优劣，但又具互补性。因此，本研究对评价指标体系的权重排序采用AHP—熵权法，通过主客观组合赋权，科学客观地对电力公司机构效能评估指标体系的影响因素与构成指标维度进行综合评价。

（二）数据分析的常用工具

数据分析的常用工具有数据表、图形以及数据分析软件等。

1. 数据表

数据表格是传递数据信息的一种独特而又十分重要的人工语言。使用合宜的表格，不仅可使文章的篇幅紧凑，论述清晰，对比性、可读性和可靠性增强，而且设计编排得好还能收到调节款式、美化版面的效果。

2. 图形输出

图形具有较好的视觉效果，可方便查看数据的差异、图案和预测趋势。

最简单、常用的分析工具是 Excel 中的带形图、线形图和圆饼图。

3. 数据分析软件

利用专门的分析软件 SPSS、EXCEL 等对数据进行处理，形成数据分析结论。

(三)数据分析的组织实施

经过前期进行的机构效能评估实施工作和机构效能评估模型搭建完成后，组织开展评估数据分析工作，组织实施工作主要分为数据收集、指标评价、分析汇总、成果展示、探索应用五个阶段。

1. 数据收集阶段

针对量化型指标，可提前设计数据收集模板，组织各单位上报相关数据。针对评价型指标，部分指标通过设计好的量表收集相关数据，其他指标通过访谈、问卷调查和资料分析等方式收集相关资料。

2. 指标评价阶段

量化型指标根据收集数据计算相应得分。评价型指标采取量表法或专家会议法得出最终分数。

3. 数据汇总阶段

根据不同单位分类适用的指标及相应的权重计算各单位的最终评估结果。

4. 成果展示阶段

通过仪表盘、雷达图等方式显性化地展示评估结果，分维度开展数据分析，科学定位、评估组织经营管理质量和发展潜力，为企业资源配置决策提供依据；同时给出组织后期优化改进意见，帮助提升效能，促进业务持续高效发展。

5. 探索应用阶段

机构效能评估应用领域较多，可根据评估目的、应用范围、问题紧迫性、变革难度等因素综合考量，进行选择性应用，包括但不限于战略梳理、组织机构调整、业务流程再造、制度优化、编制管理等。依据数据分析得到的机构效能评估结果制定相应的组织变革计划，既可以局部调整，重点突破，也可以从上到下系统布局，全面推进。包括以下应用：

(1)需要保持的。开展数据分析不仅要发现问题，还要找到组织成功的关键因素，分析组织成功的关键因素是什么，如何保持这些因素并推动机构效能持续提升。

(2)需要改进的。通过评估数据分析得到哪些要素在推动效能提升上表现欠佳，应该如何让这些因素进一步发挥效能提升的贡献力。

(3)立即开始的。组织成功还需要哪些因素？哪几个是即刻需要添加并落地的？需要改进和提升的要素中，哪些是首当其冲的？

(4)即刻停止的。什么阻碍了机构效能提升或无法再推动效能提升了？通过什么方式或手段可以停止或消除？有哪些潜在的风险或障碍？应该如何解决？

(四)数据分析的结果

本书通过设计调查问卷，收集有关员工工作态度、员工满意度和内部协调等有关维度中各指标的定性数据。同时通过设计机构效能调研评估问卷，调查收集部门员工对机构效能评估的认识与了解程度，根据收集到的问卷，进行数据分析并得出相应的结论：

根据问卷调查结果，我们可以作出以下合理推断：

1.内设机构效能整体水平有所提升，一线工作人员对机构效能评估活动的认知水平有所提高。公司内部相关的基本规范与操作指南等机构效能评估实施政策制度文件的出台与运用，为企业实施效能评估的良好开展提供了全面的制度框架指导；但企业在效能评估的具体实践中，还是存在些许“无章可循、无理可依”之处，效能评估活动存在一定的不系统、不规范现象。

2.公司在实施内设机构效能评估的过程中，对优化机构效能的重视程度有所提升，公司的效能评估步骤、负责评估的人力资源队伍建设等“敏感”和核心环节备受关注，这些相关环节评估流程制度的完善程度和执行情况很大程度上可以体现和反映企业的整体内部机构效能建设情况。

3.现阶段想要继续优化与提升公司机构效能整体水平的关键在于对现有效能评估活动相关基础环节与流程的规范和完善，而非盲目增加与企业效能评估活动没有直接联系和正面促进作用的“外力”。机构效能评估的推进应与企业内在发展要求相适应，而非迫于外部监管压力“强推硬上”。

第五节　评估结果反馈与应用

机构效能评估流程设计是一个闭环系统。取得机构效能评估的结果不是目的,通过反馈评估结果为机构运行优化指明行动方向,进而实现机构效能提升才是机构效能评估的最终目的。本节包括评估反馈、评估应用与评估说明等内容。

一、评估反馈

(一)反馈沟通的原则

1. 公正性与一致性

效能评估结果反馈沟通要具体、及时并保证评估结果反馈的公正性与一致性。一方面,效能评估的结果应及时地反馈给被评估机构的相关人员并能得到其认同,效能评估结果反馈沟通才能达到预期的作用。另一方面,在效能评估反馈沟通时应保证其公正性与公平性,以提高被考核机构人员的满意度。

2. 问题诊断与辅导并重

效能评估结果反馈沟通要问题诊断与辅导并重。效能评估的根本目的是促使被考核机构部门的人员、部门和企业整体效能持续改进和提高,并最终实现企业战略目标。因此,在发现机构效能未达到预期时,关键的不是进行批评和惩罚,而是找出问题及原因并加以改进。诊断辅导过程中一定要牢记"对事不对人"的原则。

3. 正面引导,着眼未来

效能评估评价结果反馈沟通要正面引导,着眼未来。不管被评估机构的效能评估结果是好是坏,都要给予被评估机构部门领导人员一些鼓励,让被评估部门得到了一个客观认识自己的机会,找到了应该努力的方向,总之,要让被评估机构部门的相关人员把一种积极向上的态度带到工作中去。

在效能评估评价结果反馈沟通中，很大一部分内容是针对过去的员工工作效能进行回顾和评价的，但评估过去的目的并不是停留在过去的状态，而是从过去的事实中总结出一些对未来发展有用的东西。因此，任何对过去效能评估的讨论都应着眼于未来，核心的目的是制定未来发展的计划。

(二)反馈沟通的重要性

机构效能评估结果的反馈是效能评估实施体系中一个不可缺少的环节，也是能否取得预期效果的一个关键环节。对机构效能评估的评估结果进行反馈，不仅可以让管理层及时了解机构效能评估的运用价值，而且可以为下一阶段机构效能评估计划的制定与调整提供宝贵的信息。

1. 有助于实现员工与企业共同成长

机构效能评估最终落实于基层员工层面，因为他们是企业价值的直接提供者。企业通过机构效能评估结果的反馈，以及有效的沟通，帮助、指导员工个体解决工作效能问题。因为机构效能评估的目标是由组织机构目标决定的。员工在解决个体在机构效能评估中暴露的问题的同时，达成了机构效能目标，最终实现员工个体与企业共同成长。

2. 有利于促进上下级之间的信息沟通

在机构效能评估结果出来以后，评估者结合效能评估结果，通过及时的反馈和持续不断的沟通，能逐步深入地了解被评估机构领导人员在实际工作中遇到的困难和所需要的帮助，掌握更多的人、事的信息；可以使被评估机构领导人员制定的下一个考核周期的效能评估计划更有可行性。在人员、任务的分配上，更能使人、事相匹配，从而提高组织整体效能。上级领导与被考核机构领导人员之间就效能评估结果及时有效的反馈沟通，保持信息的畅通，能从整体上提升效能评估任务完成的流畅度，避免不必要的沟通障碍。

3. 有利于提高评估工作质量

一方面，可以对评估小组及其成员起到督促的作用。因为要对效能评估机构实施反馈与沟通，评估结果必须全面、准确、客观、公正，这就要求评估实施者在评估中必须更加深入、细致、全面地，多渠道和多层次地听取基层员工的意见，同时必须对听到的反映认真进行分析研究，去粗取精，去伪存真,使效能评估结果肯定的方面恰如其分,实事求是地指出缺点和不足。另一方面,实施评估反馈沟通有助于检验评估结果的真实性和准确度,甚至可以起到纠正错误、弥补不足的作用,使评估结果更全面、更准确。被评估机构领导在听了反馈之后,可以对一些片面的、有出入的甚至不符合事实的情况进行说明、补充和纠正,从而使效能评估结果符合实际。此外,反馈与沟通还有利于打破效能评估工作的神秘感,扩大效能评估工作的透明度。

(三)反馈沟通的对象

评估者在进行信息反馈时,要针对不同的情况进行合理、及时的反馈,以达到反馈的预期目的。同时,要针对不同的反馈对象,采用恰当的反馈形式和内容,以收到良好的反馈效果。主要的反馈对象及反馈方式如下:

1. 基层员工

将效能评估结果及时反馈给基层员工,可以使他们了解机构效能评估效果,并且将自己的工作表现与其他机构人员的工作表现进行比较。这种意见反馈有助于他们发现工作个人效能的不足,促进员工努力提升自我,进而提高员工未来工作的积极性。

2. 机构员工的直接领导

他们最了解基层员工在效能评估前后工作中表现的差异,也是效能评估效果体现最直接观察者,他们能够比基层员工更加客观地评价效能评估项目的价值。因此,他们对评估结果的跟踪反馈是非常重要的,可以更直接、有效地反映效能评估项目是否真正达到了机构效能优化提升的目的。

3. 企业高层领导

他们是企业进行效能评估决策的制定者,决定着效能评估项目的未来。效能评估的基本目的之一就是为企业领导在未来的公司发展战略决策上提供一定的借鉴基础。因此,评估结果的相关信息应该及时反馈给企业高层管理者。效能评估报告是企业高层领导了解当前机构效能是否处于良性阶段的重要途径,也是效能评估投入决策的重要依据。

4. 评估负责人员

对于人力资源管理部门的效能评估负责人员来说,他们需要及时掌握效能评估项目各种相关评估信息及其评估结果，只有掌握了全面翔实的信息，才能找出差距，弥补不足，精益求精，在未来进一步提高效能评估质量。根据提供的效能评估结果在相关部门未来优化提升机构效能时能提出合理化建议，以及对机构的人力资源进行合理的配置，提高机构部门的运行效率。

二、评估应用

（一）公司层应用

基于战略的机构效能评价体系旨在综合评价不同功能定位、不同性质的企业组织，及时发现公司企业经营中存在的问题，从而提高企业整体效能水平。在评价结果的应用上，一方面，可以借助信息系统，建立机构效能多维评价的预警机制，一旦发现对企业运营产生影响的短板指标，则及时提示管理者；另一方面，可以定期对同类型企业的机构效能水平进行对比分析，综合查找各自管理运营上的长短板，为后续完善和提升企业机构效能奠定价值评价基础，并最终引导企业战略的落地和执行。它具体又分为国网安徽电力层面和地市公司层面的评估结果应用。

1. 国网安徽电力层面制度建设

一是深入推进劳动定员标准建设，将机构效能评估与劳动定员试点有机结合起来，通过机构效率评价，进行超缺员分析应用，完成定员范围内全部单位定员定额水平测算。

二是优化业务前端微观组织，将综合性大班组正式上升到公司劳动组织优化的方向，推动各单位加快一线班组整合、推动复合型人才的培养。

三是加快供电服务体系建设，指导各单位优化供电服务机构职能定位和班组设置，进一步压实各级责任，强化专业协同，提升服务效率。

2. 市县级公司内设机构优化调整

机构效能评估结果可指引内设机构优化的方向。一是重构组织架构，实现专业集约；二是融合相近专业，打破业务壁垒；三是整合相同专业，扩大职责区域；四是打造项目团队，创新组织体系。

(二)部门层应用

在这里,部门指机构。针对电力企业机构效能评估而言,要将获得的效能评估结果深化应用,坚持“以评促改、以评促进、以评促优”的原则,深入分析机构运行中存在问题及原因,从组织机构优化设计、人员配置、流程优化等多个角度,提出改进方向与路径,推动公司机构效能不断提升。

一是针对机构设置问题,及时进行机构优化调整,对未达到预期目标,以及设置与运行不规范的组织机构,实施整改或撤销、合并,盘活机构编制存量资源。

二是针对人岗匹配问题,明确组织需要的人才类型和数量,推动岗位能上能下,人员能进能出,加大人才队伍培养力度,促进人岗动态匹配。

三是针对制度建设、流程运转问题,结合专业管理目标,对现有制度和业务流程进行优化调整,消除专业间制度、流程矛盾与冲突,提升不同层级、不同专业之间制度、流程的协调性,确保与组织的战略目标、市场需求相适应。

四是针对效率、效益、质量等机构运行成效问题,用对标的方法,找出效能不佳的问题和原因,从强化内部管理、完善考核激励等方面,制定改进措施,提升机构效能。

(三)员工层应用

效能评估的结果应用范围很广,除了对公司层与机构部门层面有应用价值外,对公司员工层面也有着一定的应用借鉴。电力公司机构效能评估结果的员工层应用可以具体分成“管理应用”和“开发应用”两类。

一是管理应用,指的就是将效能评估的结果应用于人力资源管理中的计划、招聘、题选、薪酬、晋升、调配等各项具体的人力资源决策中。

二是开发应用,考虑的是效能评估可以提供员工优劣势的信息,据此帮助员工识别如何在现有的岗位上提高其工作业绩,如何加强员工的学习和开发,以及为员工的职业生涯设计提供建议等。电力公司机构效能评估结果主要可以应用在以下几个方面(如图 5-9 所示):员工薪酬分配、员工职业生涯规划、员工培训、员工的岗位调整、员工的招聘与选拔等。

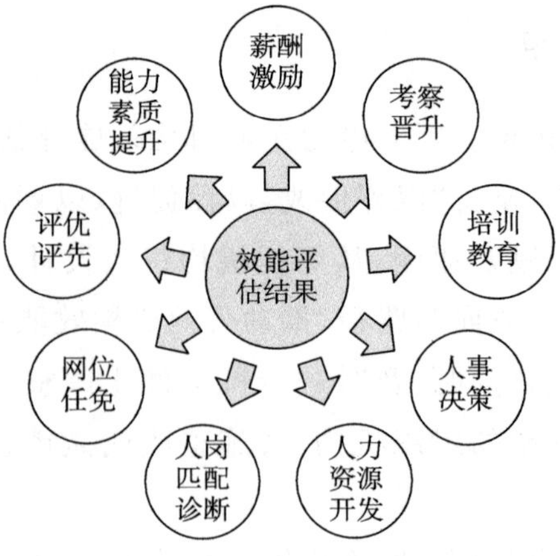

图 5-9　效能评估结果员工层应用基本框架图

三、评估说明

(一)评估结果的改进提升

机构效能评估的，目的是提升组织效能，企业可构建诊断、评估、对标、改进提升的闭环管理体系，切实提升组织效能：

1. 现状诊断

通过对现状深度分析和诊断，优化机构效能评估体系，确保组织能力常备常新。

2. 效能评估

基于机构效能指标体系，开展例行性评估，定性＋定量相结合，一类一策，进行差异化评估。

3. 对标管理

基于机构效能评估结果，开展对标管理，同自身比、标杆比、兄弟单位比、预算目标比，多维度审视组织。

4. 改进提升

对标找差，发现问题，提出针对性解决思路，并针对改进措施，设计专项落地工作任务卡，确保执行到位。

总之，机构效能作为关系企业成功的关键因素，包含企业经营管理的各个方面，人力资源从业者应高度重视并构建起整体的、宏观的管理视角，通过机构效能模型构建、评估、应用、提升等闭环管理的方式促进企业战略目标落地，帮助企业实现持续成功。

（二）效能评估的核心观点

1. 是否促进了组织运行的效率

管理模式或多或少有一定的缺陷，如企业管理系统，最高效的是垂直管理系统，一个员工只有一个上级，条线管理，直线指挥，但其固有的问题是横向协调非常困难，部门之间各自为政现象严重，为此构建机构效能评估体系并优化提升，是否能通过共同承担目标责任使部门之间的协作更加富有成效呢？

2. 是否实现了员工观念的改变

效能评估最重要的在于建立业绩文化，多劳多得，一切困难都是可以克服的，只有想不到的，没有做不到的，那么您的企业是否促使员工在压力下更多地发挥了自己的潜能呢？

3. 是否促进组织资源最优化配置

比如一个公司内部部门的效能评估，该公司未做评估之前，管理上的设置大家都没什么意见，效能评估指标体系构建之后，几个按照地区分工的发行部门提出以前分管的片区划分不公平，肥瘦差异很大，于是企业对片区重新合理划分，得到大家的认可。那么在您的公司里面是否也实现了这样的调整呢？是不是企业更加精打细算，比以前更会花钱了呢？

4. 是否促进了组织形成先进的文化

组织内部效能评估文化的建立是持续的，激励型的，您的公司是否更加尊重优秀人才？

（三）效能评估注意事项

1. 发挥效能评估指标体系的导向作用

把效能评估作为推动机构部门发展改进提升、改善机构运行效率，加强自身建设的有效抓手,以效能评估指标体系作为工作目标导向,注重全面持续协调发展,推进工作绩效上新水平,以优异的发展成果和工作成效为机构效能评估奠定扎实基础。

2. 加强效能评估工作的宣传教育工作

采取各种形式,广泛宣传机构效能评估及评估结果应用有重要的意义。宣传机构效能建设的成就和效能评估状况,可以提高领导干部推行机构效能评估的主动性和积极性,扩大员工机构效能评估参与面。

3. 强化机构效能评估结果运用

机构不仅要把效能评估的结果作为检验内设机构效能运行现状的优劣依据和评价工作的尺度,而且要把它作为检验运行水平、运营质量的标准,作为推动内部工作发展的动力。

第六章　国网安徽电力机构效能评估实施方案

如何发挥机构效能评估的指挥棒作用，这就需要明确机构效能评估的实施方案。

第一节　国网安徽电力机构效能评估的目标、原则、对象与方法

一、机构效能评估的目标

落实“放管服”改革要求，以推进职能优化、协同高效为着力点，构建机构效能评估模型及评价指标体系。全面分析决策层、管理层和基层的评估需求，有效应用评估结果。助推公司“一体四翼”发展格局落地，为新型电力系统转型升级提供坚实的组织保障。

（一）为公司资源配置提供依据

通过机构效能评估，了解当前机构设置和资源配置是否合理、运营状况是否达到预期效果，发现当前经营中存在的问题，明确后续改进方向，为公司的人力资源、物质资源、管理资源等各类资源优化配置提供依据。

（二）支撑公司精益化管理

精益化管理既需要政策统一、发挥合力，同时应做到精准施策，公司通过“放管服”进一步加大对所属单位的授权赋能。机构效能评估结果有助于实现分权有度、分类管控的目标。

（三）描画公司经营质量

通过机构效能评估，以量化、显性化的方式呈现机构效能现状，全面展示优势与不足，及时发现经营中的问题。建立机构效能多维评价的预警机制，根据效能评估结果，对标找差，制定针对性改进提升策略，提高单位整体效能水平。

二、基本原则

（一）抓大放小

抓住主要矛盾和矛盾的主要方面，做好宏观控制，抓关键点，保证能集中精力决策大事，确保关键指标达成；另外对次要矛盾和矛盾的次要方面进行微观调节，从而达到资源效益的最大化。落实“放管服”要求，把握主要矛盾，分清主次本末与轻重缓急，着力提升组织效能，把好大方向，统揽全局。机构效能评估是为了精准传达上级单位经营管理导向，有效提升所属单位的经营管理质量，应坚持“以用为本”理念，抓大放小，设计机构效能评估模型并探索结果应用方向，更好地发挥企业管理合力。

（二）放管结合

严格执行公司机构编制管理制度与标准，建立健全机构效能评估体系。该放的放，该管的管，放权不放任。按照“谁管理、谁评估”“谁评估、谁负责”的原则，不越位、错位，也不能缺位，强化机构管理主体的评估职能，发挥人力资源部门的统筹功能，合理授权，确保机构效能评估工作有效落地。

（三）动态评估

坚持问题导向、目标导向以及强基导向三方互动结合，以“目标导向不偏、问题导向不变、强基导向不松”为原则，突出效率效益效能，快速响应公司发展战略和业务需求，开展动态的机构效能评估工作，客观反映机构健康情况，提升机构编制资源利用效益，为推进机构优化和管理提升提供决策支撑。

（四）灵活施策

统筹考虑组织类型、发展阶段、行业特点、所处地域、市场环境、组织目标等各个因素，差异化制定效能评估模式和相应实施工作方案，同时使指标、权重、算法可根据实际动态情况调整，因地制宜、灵活施策，精准发力，提高机构效能评估的针对性、科学性及适应性。针对安徽公司机构的特征和所面临的问题实施有针对性的政策方案，做到对症下药方能取得良效。

（五）迭代优化

机构效能评估作为管理决策的有效支撑，从横向比较、目标比较、历史比较多个维度，及时客观地反映机构运转情况，为决策者提供机构改进优化方向建议。固化评估流程及方法，充分应用效能评估成果，优化业务流程和职能配置，重组整合低效机构，激发各类机构内生动力，以机构效能评估推动组织模式创新和运行机制创新。

（六）科学性、易操作

指标体系在传统各类指标体系侧重效益效率的基础上科学扩展，延伸至战略匹配、机构运转、流程改善、社会效益等评估，实现评估维度全覆盖；同时在确定权重、定性评价转化、标准值确定等关键环节，采取数学建模方式，确保评估方法科学有效。在实施过程中，为降低操作难度，提升操作科学性，可以遵循“先试点、再扩大、后推广”的顺序，遴选典型单位，先试点开展机构效能评估工作，在实践中构建科学合理、规范运行的机构效能评估模型、方法、流程，分析成效，总结经验，逐步扩大评估范围，最终在公司范围内推广。

三、评估对象

(一)评估对象的选取

按照“有序推进”工作思路,本次评估研究围绕国网安徽电力公司,选取改革重点涉及的机构为评估对象。机构效能评估对象选择地市公司层面输电运检中心、变电运维中心、变电检修中心、网格化供电服务中心、电力调度控制中心、信息通信公司、配网运营中心、电缆运检中心、电费计量中心、经济技术研究所、物资供应中心、综合服务中心 12 类业务实施机构。

(二)效能评估的重点

重点评估机构设置的适配性、与业务关联机构的协同性、机构运行的有效性等内容,以及评估其目标执行、制度流程、用工配置、队伍建设、效率效益等要素的完整性、匹配性、协同性和有效性。根据这些机构的实际运转情况,结合专业实际需求适时启动相关机构的效能评估工作。对承担市场开拓、客户服务、设备运维等业务机构应开展动态评估;对处于业务拓展期,尚未形成规模客户群体或成熟业务模式的新兴业务机构,应阶段性开展效能评估;对绩效长期处于较低水平的机构,应开展重点监测评估;对涉及新设立、变更、撤销的机构,必要时应将效能评估作为机构调整的前置环节。机构效能评估重点是国网安徽电力 12 类典型机构。

1. 输电运检中心

(1)主要职责。负责输电线路运检管理;负责输电线路通道维护、清障和防外破工作;负责设备的状态检(监)测、动态评价、缺陷管理、隐患排查治理、通道防护、计划检修及故障抢修管理;负责输电专业技术监督管理;负责组织相关退役设备技术鉴定;负责提出设备技改大修项目需求;负责设备技改大修项目及运检业务外包实施工程验收及生产准备管理;负责输电设施安防、安保、防汛设备的运检管理;负责输电线路作业方案、检修工艺、带电作业、航巡作业、现场标准化作业管理。

(2)前端微观组织。输电运检班、输电带电作业班等两类班组。

2. 变电运维中心/变电(二次)检修中心

(1)主要职责。负责变电站的运维管理和应急处置、竣工验收及生产准备等工作;负责变电设施安防、安保、防汛设备的运维管理;负责提出变电运维类项目需求;负责变电运维技改大修及运检业务外包实施管理;负责变电设备 A、B、C 类检修工作;负责设备的状态检(监)测、动态评价、隐患排查治理、设备交接验收、计划检修及故障抢修管理;负责变电专业技术监督管理;负责提出变电检修类项目需求;负责变电站内表计相关业务;负责变电检修技改大修及运检业务外包实施管理。

(2)前端微观组织。变电运维班、变电检修班、变电二次检修班、电气试验班等四类班组。

3. 网格化供电服务中心

(1)主要职责。负责行政区域范围内配网运维、检修、服务等业务,实行一体化运维服务;负责营销业务执行及市场开拓支持;负责收集客户用能信息,支持综合能源服务业务开展;负责辖区内 10(20)千伏及以下业扩报装、业务变更、用电检查、需求侧管理、供电服务保障等业务;负责辖区内 10(20)千伏及以下客户补抄、催费、客户服务工作,以及台区考核关口、分布式发电上网关口电能计量装置和用电信息采集设备的投运前管理及装拆、周期轮换、故障处理、现场校验等业务;管理辖区内乡镇供电所,开展“全能型”供电所建设,实行营配合一体化管理;负责配网 PMS 系统等信息化系统所辖配网基础数据、运行数据的现场收集;负责所辖配网设备缺陷、隐患的发现治理;负责设备电网建设、改造工程验收业务;负责与属地政府对接协调相关事项;负责落实运检、营销、调度等专业部门的相关工作。

(2)前端微观组织。综合室、高压运检班、大客户服务班、低压运检班四类班组。

4. 供电服务指挥中心(配网调控中心)

(1)主要职责。作为营配调职能管理部门的支撑机构,主要负责配网调度计划执行、配网调控运行、配网倒闸操作、停送电信息报送、配网抢修指挥、配电运维和检修计划执行管控、非抢修工单处置、95598 知识库维护、重要服务事项报备、服务信息统一发布、服务事件稽查监督、供电服务关键指标分析、供电服务指挥系统应用推广、营配调数据质量稽查及管控、供电可靠性统计及分析、配电自动化主站运维及应用等业务。

(2)前端微观组织。配网调控班、配电自动化班、服务指挥班、运营监控班等五类班组。

5.电力调度控制中心

(1)主要职责。贯彻执行国家和上级单位有关规定及工作部署，承担地区电网调控运行、设备集中监控、系统运行、调度方式计划、继电保护、调度自动化(含网络安全及调度通信)等专业管理职责。负责地域内35～110千伏电网和终端220千伏系统以及有关电厂调度运行工作；负责地域内35～220千伏变电设备运行集中监控业务；负责地区电网运行方式、低频低压方案及安自装置策略、电网无功电压、停电计划、经济运行、负荷管理、新能源(含分布式电源)等专业管理工作；负责年度运行方式和电网诊断分析的编制、电网典型调度事故处理预案和调度管辖范围的修订、电网风险评估管理、应急管理、地方电厂并网和运行管理、新设备启动管理、主网项目接入系统审查等相关工作。负责地区电网继电保护配置、继电保护整定计算工作。负责地区电网调度自动化主站系统(含调度数据网络和安全防护设备)的运行管理和自动化专业管理工作；负责公司范围内电力监控系统(含调度管理系统)网络安全专业管理及并网电厂涉网部分电力监控系统安全防护技术监督工作。负责调度通信专业管理工作。负责网损管理。负责地县(配)调控业务一体化运作，对县(配)调度和监控业务进行指导。负责城区配网调控运行、故障研判、运行方式、停电计划等专业管理工作。负责电力可靠性综合管理、柔性业扩、配网项目接入系统审查相关工作。

(2)前端微观组织。方式计划室、地区调度班、地区监控班、自动化班等四类班组。

6.信息通信公司

(1)主要职责。负责信息通信项目建设管理并组织实施，负责地(市)公司及其所属业务支撑和实施机构信息通信网络、系统、设备、终端的运行监控、维护检修、应急处置和运行保障等业务。负责信息安全保障。

(2)前端微观组织。信息运检班、通信运检班等两类班组。

7.配网运营中心(不停电作业中心)

(1)主要职责。作为配网管理及不停电作业技术管理支撑单位，负责制定配电网运维检修、抢修相关工作标准；负责配电网运维检修专业管理，负责配网（表箱前）运行、检修、改造和建设管理；负责配网 PMS 系统等信息化系统的基础数据、运行数据管理；负责配网工程建设及配电自动化建设改造及应用管理；负责提出配网技改大修、成本项目需求；负责配网技改大修及运检业务外包实施管理、工程验收及生产准备管理；负责供电可靠性日常管理职责；负责配电自动化建设、改造及运行管理；负责不停电作业实施管理；负责对供电服务中心、县级公司配电网技术及不停电作业技术进行指导并督促相关技术标准执行；跟踪服务部运检工作计划及项目执行，负责外包队伍工作绩效评价管理，向运维检修部提出对各供电服务中心的考核意见。负责城农网等专项工程建设，完成城农配网、基建同期配套、业扩项目包、充电站外电源、市政建设迁改、居配工程、配网技改等项目的标准化建设。

（2）前端微观组织。配网运营室、规划建设室、配网不停电作业班、数字配网班等四类班组。

8. 电费计量中心

（1）主要职责。负责履行首席、高级客户经理职责，做好 35 千伏及以上客户业扩报装、用电检查、供电保障等服务工作；负责按照营销部要求加强业扩工程全流程服务，完成相关报表和问题分析；负责客户业务资料、档案台账等信息资料管理；负责管理供电营业厅；负责 XX 城（郊）区所有客户集抄集核、账务处理，计量资产管理、检定检测、35 千伏及以上客户相关计量业务。负责营销各类系统运维、业务数据管理、分析和应用；负责营销稽查线上工单接收、派发、督办、审核、回复；负责配合营销部执行现场、专项稽查任务和督办；负责对营销各类业务问题开展深度分析，编制月报、专题报告、统计报表等；负责分布式光伏结算管理；负责非统调公用电厂购电管理，购售电合同、交易计划和结算管理。

（2）前端微观组织。政企客户服务班、供电营业厅、营销监控班、电能计量班、客户信息班、电费核算账务班、需求侧管理运行班七类班组。

9. 经济技术研究所

（1）主要职责。作为本地区电网发展支撑机构，接受省经研院业务指导，以服务配网发展为重点、同时积极参与主网规划和前期工作，密切衔接地方发展需求，负责所在地区宏观经济、能源发展、电力需求、电源发展等情况的研究分析工作；负责相关数据及地方政府有关政策措施、发展规划等信息的归集和分析；负责本地区电网规划和工程设计技术管理，开展系统分析和计算工作；负责本地区 110(66)千伏及以下电网规划的研究和编制；牵头开展 110(66)千伏及以下电网项目可研、电力设施迁改方案编制，开展相应电网前期专题研究；负责本地区 35 千伏及以下电网项目工程可研、电力设施迁改方案、电源接入系统方案评审。负责 110(66)千伏及以下用户接入系统方案评审；负责本地区 10 千伏及以下电网项目初设评审及结算审核；负责对计划、投资、统计等发展业务提供支撑；具备工程咨询和工程设计乙级及以上资质，具备承担所在地(市)全部 110(66)千伏及以下电网工程设计和电源(用户)接入系统设计的能力。负责对地(市)公司 110(66)千伏业扩报装管理、35 千伏及以下客户接入系统方案制定、为电动汽车充换电设施规划、分布式电源管理等营销业务提供支撑。负责审批权限内的技改大修项目科研、初设评审，以及项目造价和成本分析、后评价等，提供技经造价、土建技术支持。开展城市配网建设改造等项目效果评估、工程技术经济评价与研究，生产工程非物资类招标限价审查等业务。承担公司小型基建、技改大修项目、营销投入项目造价咨询和科研、初设评审等业务；开展城市配网建设改造等项目效果评估工作。

(2)前端微观组织。规划评审室、设计室、技经室等三类专业室。

10. 物资部(物资供应中心)

(1)主要职责。贯彻执行国家和上级单位有关规定及工作部署，负责公司需求计划、物资合同、仓储配送、物资质量监督、供应商关系、应急物资、信息化与标准化、废旧物资处置等业务管理。负责需求计划收集、审核、平衡利库与上报工作；配合国网安徽电力开展物资合同签订工作。负责公司授权采购的实施工作。负责电商化采购执行与监督。负责物资供应及协调工作，以及物资催交催运、到货验收、配送仓储、现场服务、应急物资保障等工作。承担物资出入库、保管和仓库日常维护工作。负责开展物资质量抽检，参加监造设备现场见证。负责物资质量监督与供应商不良信息收集与上报。负责报废物资处置实施工作，开展报废物资的接收保管、集中处置、合同签订、实物交接、资金回收及回收商管理等工作。负责公司物资分类和物料主数据新增初审及应用指导，开展物资采购标准应用及管理工作；负责物资信息化需求收集、业务账号管理和系统深化应用；负责物资业务的督察与考评、专家管理以及物资综合性事务；负责对公司各部门、各单位物资管理全过程进行监督、检查、指导和考核；负责履行对公司所属集体企业、县级供电公司物资专业的指导、监督等管理职能。

(2)前端微观组织。物资配送班、物资仓储班两类班组。

11. 综合服务中心

(1)主要职责。负责公司后勤管理和服务保障工作，负责公司小型基建和非生产性技改大修项目管理；负责公司后勤标准化、信息化应用和推广实施工作；负责公司所属办公及非生产性土地、房屋及其附属设施、设备等及相应消防管理；负责公司公务车管理和运行保障工作，负责公司生产服务用车日常使用和运行保障工作；负责公司办公设备(用品)、家器具等后勤实物管理及保障工作；负责公司员工宿舍、食堂等福利机构管理；负责公司员工体检工作；负责公司新闻采编、人力资源服务、社保业务、医疗保健、档案整理等业务实施；负责新闻采编、视频专题制作，负责对外宣传工作，负责企业公益组织实施。

(2)前端微观组织。车辆服务班、综合服务班等两类班组，对口支撑品牌建设工作。

12. 中心供电所

(1)主要职责。负责辖区范围内配网运维、检修、服务等业务，实行一体化运维服务；负责营销业务执行及市场开拓支持；负责收集客户用能信息，支持综合能源服务业务开展；负责辖区内 10(20)千伏及以下业扩报装、业务变更、用电检查、需求侧管理、供电服务保障等业务；负责辖区内 10(20)千伏及以下客户补抄、催费、客户服务工作，以及台区考核关口、分布式发电上网关口电能计量装置和用电信息采集设备的投运前管理及装拆、周期轮换、故障处理、现场校验等业务；管理辖区内乡镇供电所，开展“全能型”供电所建设，实行营配合一管理；负责配网 PMS 系统等信息化系统所辖配网基础数据、运行数据的现场收集；负责所辖配网设备缺陷、隐患的发现治理；负责核实规划站址廊道可行性，参与网架规划方案讨论，提出 10(20)千伏及以下配网规划项目需求；负责管辖设备电网建设、改造工程验收；负责与属地政府对接协调相关事项；负责落实运检、营销、调度等专业部门的相关工作。

(2)前端微观组织。综合室、高压运检班、大客户服务班、低压运检班四类班组。

四、评估方法

(一)定量分析方法

采用定量分析方法评估，可与历史水平、目标水平、行业水平进行比较，通过对比分析等按照百分制计算得分，实现对评估对象组织运行状态的监测和短板预警。用于定量分析的指标可从关键业绩指标、同业对标等指标体系中适量选取。定量分析得分为各评估维度得分加权计算结果，各维度及权重根据评估对象和评估目的按需确定。

公式如下：定量分析得分＝维度1得分×A＋维度2得分×B＋维度3得分×C＋…，其中，A、B、C…为各维度权重，权重由AHP-熵权法确定。

具体操作如下：首先开展分类评估，地市公司同类机构效能评估，以机构效能评估指标体系为标准，每个指标的得分要做无量纲化处理，即数据的标准化，采用“AHP-熵权法”加权法计算各指标、各维度、各机构的效能得分。

AHP(层次分析法)将复杂问题中的各种因素进行条理化分析，划分为相互联系的有序层次，然后通过两两比较，建立主观判断结构，并将专家打分意见和评价者的客观判断有效结合，因此这种方法存在的缺陷是带有一定的主观性。而熵权法依据信息论的基本原理，将熵值作为系统无序程度的一个度量，因此可以用熵值判断评价指标的离散程度，充分挖掘原始数据内部蕴涵的信息，根据指标值的变异程度，确定各指标权重。AHP和熵权法各有优劣，但又具互补性。因此，本研究对评价指标体系的权重排序采用AHP-熵权法，通过主客观组合赋权，科学客观地对国网安徽电力机构效能影响因素进行综合评价。

(二)定性评价结论

定性评价方法的评估维度,需要采用问卷调查来进行,针对定性的指标通过成熟的调查问卷收集相关数据,并根据问卷数据归纳得出该维度存在的问题、参评人员的提出建议等明确结论。

第二节　机构效能评估指标体系

根据机构效能评估模型、机构业务类型及其特点,国网安徽电力机构效能评估围绕输入—运行转换—输出—相关指标等4个视角,共选取态度、能力、质量、内部协调、创新、数量、满意度、安全、就业、生态环境等10个维度的相关方面指标开展国网安徽电力机构效能评估。

一、机构设置

支持国家电网有限公司"一体四翼"发展总布局的国网安徽电力机构设置,主要集中在电网业务领域。详见表6-1。

表6-1　国网安徽电力典型内设机构

<table>
<tr><td rowspan="13">国网安徽电力内设机构</td><td>战略布局</td><td>领域</td><td>机构</td></tr>
<tr><td rowspan="12">"一体四翼"</td><td rowspan="12">电网业务</td><td>输电运检中心</td></tr>
<tr><td>变电运维中心</td></tr>
<tr><td>网格化供电服务中心</td></tr>
<tr><td>配网运营中心</td></tr>
<tr><td>供电服务指挥中心</td></tr>
<tr><td>电力调度控制中心</td></tr>
<tr><td>电费计量中心</td></tr>
<tr><td>信息通信中心</td></tr>
<tr><td>物资供应中心</td></tr>
<tr><td>经济技术研究所</td></tr>
<tr><td>综合服务中心</td></tr>
<tr><td>中心供电所</td></tr>
</table>

二、SOR 营运环节的评估维度

从 SOR 营运环节来说，输入—转换—输出和相关社会责任环节共包含10 个维度，具体见表 6-2。

表 6-2　国网安徽电力典型内设机构

	环节	维度
S-O-R 运营环节	输入 S	态度 S1
		能力 S2
	转换 O	创新 O1
		质量 O2
		内部协调 O3
	输出 R	数量 R1
		满意度 R2
	相关社会责任 X	安全 X1
		就业 X2
		生态环境 X3

三、国网安徽电力机构效能评估指标体系

由第四章第三节内容可知，结合国家电网有限公司“一体四翼”发展布局和国网安徽电力生产运营环节，汇总得出支撑“一体四翼”发展布局的国网安徽电力机构效能评估指标体系，详见表 6-3。

6-3　支撑"一体四翼"的国网安徽电力 机构效能评估指标体系

环节维度 / 指标体系 / 支撑"一体四翼"的典型机构设置	S—O—R运营环节										
	输入S		转换0				输出R		相关难度(社会责任)X		
	态度 S_1	能力 S_2	创新 0_1	质量 0_2		内部协调 0_2	数据 R_1	满意度 R_2	安全 X_1	就业 X_2	生态环境 X_3
	权重%	权重%	权重%	权重%		权重%	权重%	权重%	权重%	权重%	权重%
	S11 职工态度	S21 技能等级/职称	011 科技成果(专利指标完成率			协调效率	职工劳动生产率	R21 内部满意率	人身伤亡事故	X21 年度新进职工人数	
	S12 党建绩效综合考评得分	S22 人才当量密度	012 管理创新指数		R22 运检/营销类投诉率			X22 年度提供外部就业人数			
一体 电网业务											
1.输电运检中心				精益化管理指数	生产 PMS 数据准确率		人均输电线长度				
				输电线路故障停运率							
2.变电运维中心				精益化管理指数	电网继电保护正确动作率		人均变电站数量				
				变电设备故停运率	技改大修自己干按期完工率		人均操作标数量				
3.网格供电服务中心				业扩平均时长	台区综合线损率		人均营业户数				新能源汽车充电桩数
				配单频繁停电指数	户均客户服务成本						
				用户平均停电时间	营销业务数据质量						
4.配网运营中心				配电频繁停电指数	户均客户服务成本		人均营业户数				
				万元赔配电运营费	10KV 综合损率		人均配电线路长度				
				用户平均电时间	电费回收率						
5.供电服务指挥中心				10KV 电网调度	配网停电计划执行指标		人均营业户数				
				工单完结(回单)及时率			工单处理(回复派发)数				
6.电力调度控制中心				调度技术支持系统可靠率	电网安全自动装置		人均主变数量				清洁能源发电利用
				设备跳闸事故总信号正确上送率			人均调度变电站数量				
7.电费计量中心				户均计量成本	35KV 及以上电费回收率		人均营业户数				
				电能计量管理指数			营销业务数据质量评价				
8.信息通信中心				信息网络安全运行指数	新兴业务拓展指数		人均通信光缆长度				
				万元调度通信资产运维费	独立通信电源省级集中监控率		人均维护网络设备数量				
9.物资供应中心				物资合同付款及时率			人均电网设备数量				
				物资质量检测率			招投标数量				
10.技术经济研究所				年均规划变电站数量	工程项目评审及时率		基建工程设计质量指数				新能源汽车充电桩数
				配电网规划数字化应用率			配同工程高质量规划建设数				
11.综合服务中心				物资合同付款及时率			电网小型基建规范管理				新能源汽车充电桩数
				电网小型基建工程完工及时率							
12.中心供电所				配电故障停运率	当年电费回收月平均水平		人均营业户数				新能源汽车充电桩数
				户均客户服务成本	10KV 以下区线损达标率		人均配电线路长度				

四、职能机构效能评估

对于国网安徽电力地市级供电公司本部的职能管理机构效能评估，S-0-R价值链维度指标及社会责任的4个环节依然适用，但具体指标系与内设机构会有差异，具体见表6-4。

表6-4　职能机构效能评估指标体系

运营环节	评估维度	评估指标	备注
输入	态度、能力	见表4-4	
转换	创新	管理创新指数	
	质量	全员劳动生产率	
	内部协调	协调效率	问卷调查
输出	数量	人均每天工作量	
		人均每天工作时间	
	满意度	内部满意度	问卷调查
社会责任	安全、就业、生态	见表4-7	

第三节　数据收集与分析

整理收集评估所需的各项数据、资料，选择合理有效的数据分析方法，认真研究，梳理分析，确保评估真实准确、紧贴实际。评估由数据深入到机构效能的真实情况，由感性认识阶段上升到理性认识阶段，实现对国网安徽电力机构运行的认识的飞跃。这有利于领导和有关部门客观全面地认识公司经济活动的历史、现状及发展趋势，促进企业效能的提高。本节内容从数据收集、数据筛选、指标赋权、数据分析及结果呈现四个方面展开。

一、数据收集

数据分为定量数据与定性数据，研究所需数据获取于公司各类文件。

对于没有相关统计数据支撑的，且被本实施方案选用的指标，采用调查问卷的方式获取数据。

员工态度拟选用成熟问卷进行测量，员工态度在不同的学者观点下有不同的测量维度，本方案基于易操作易测量的原则，选用大多数学者所认同的共性，即用情感承诺与离职倾向来测量员工态度。协调指的是部门协调，团队配合，选用成熟量表测量。员工满意度指标拟选用成熟的问卷来进行测定，调查对象为机构内部员工。

二、数据筛选

数据收集完成以后，要对数据的质量进行评估，筛选出符合条件的数据进行下一步的分析。从目前来看，筛选数据质量的方法大体上可被归纳为如下 7 个基本类别，这 7 种方法按维度可以进一步划分，具体关系见表 6-6 所示。值得指出的是，目前国外采用的统计数据质量评估方法大多数多维评估方法。而国内采用的统计数据质量筛选方法大多数采用一维评估方法。以下是对所列前三种筛选数据方法的介绍，在实践中也是最为常用的。实施中可以综合交叉使用。

表 6-6　按评估维度划分的筛选数据质量的评估方法类别

评估维度	评估方法类别	包含数据评估筛选方法
一维	一维评估方法	逻辑关系检验法、计量模型分析法、统计分布检验法、核算数据重估法、调查误差评估法
多维	多维评估方法	标准与规范遵守报告法、指标集测评法以及数据质量综合评价法

1. 逻辑关系检验法

(1)定义。是以统计指标体系中某些统计指标之间存在的包含、恒等以及高度相关等内在逻辑关系为判断标准，对相应统计指标数据的准确性进行粗略的检验的一类统计数据质量评估方法。

(2)原理。如果在检验中某一组统计指标数据违背了它们之间所存在的特定的逻辑关系，则表明该组统计指标数据存在准确性问题，有可能是其中的一个或一部分数据不准确，也有可能是整组数据均不准确，但至少有一个数据不准确，需进行进一步的分析和核查。

(3)分类。按照检验所依据的逻辑关系的不同，该方法可细分为相关逻辑检验法和比较逻辑检验法。相关逻辑检验法所依据的逻辑关系是由紧密联系的客观社会经济现象所决定的统计指标之间的高度相关关系。而比较逻辑检验法所依据的逻辑关系是某些同度量的统计指标之间由于在指标涵义、统计口径以及统计范围等要素方面的联系或区别而形成的单向包含或者恒等关系。

2. 计量模型分析法

(1)定义。是以建立计量经济模型为基础来对相关指标的数据质量进行评估的一类统计数据质量评估方法。

(2)原理。在社会经济系统中，每一种社会经济现象都不可能是完全孤立的，必定存在着另外一些社会经济现象与它存在着特定的内在联系；同时，每一种社会经济现象的发展变化也不可能是杂乱无章的，必定存在着一些特定的内在规律。上述“内在联系”或者“内在关系”也必然体现在客观描述社会经济现象数量方面的统计指标上。因此，我们可以以统计指标之间的相互影响关系或者统计指标自身的发展变化规律作为基本的评估依据，来评估统计数据的准确性。而由于社会经济统计指标之间的相关关系十分复杂，相关逻辑检验法在评估统计数据质量时经常失效，一些学者便尝试借助计量经济模型等一些功能更为强大的工具来评估统计数据质量，从而形成了统计数据质量评估的计量模型分析法。

(3)做法。先依据相应的经济或统计理论，通过深入分析构建一个能够有效地刻画统计指标之间的影响关系或统计指标内部的发展规律的计量经济模型，并选取样本进行模型估计；在此基础上，以模型的估计结果为基础，分析待评估的统计数据与所构建的评估模型的相吻合情况，并在一定的理论依据或假设条件下得出评估结论。运用该类评估方法进行统计数据质量评估的关键包括如下两个方面，即怎么构建科学、有效的计量经济评估模型和怎么分析待评估的统计数据与所构建的评估模型的相吻合情况。

3. 统计分析检验法

(1)定义。是对数据进行定量处理并解释的一种方法。

(2)特征。首先是科学性。统计分析方法从确定选题、给出假设、抽样调查、实施步骤、解释数据，到获得结论都需要一定的逻辑标准和严密的程序；其次是直观性。统计分析方法根据需要解决的问题采集数据，并利用散点图、频数统计、直方图等呈现数据的特性；最后是可重复性。用统计分析方法从选取课题、设计抽样，到收集与处理数据，都可以在相同的条件下进行重复，并可以对研究结果进行验证。

(3)分类。根据功能标准，统计分析方法包括描述统计和推断统计。前者是将研究中收集到的数据进行归类、简化、整理成图表等形式展现数据间的关系或特性，常用的指标有均值、方差、相关系数等。后者是指以概率的形式来判断数据之间的某种关系及样本统计值来推测总体特征的一种方法。推断统计包括总体参数估计和假设检验，常用的方法有 T 检验、F 检验、Z 检验、卡方检验等。二者相辅相成，彼此联系，根据研究的目的来确定使用哪种统计方法。如果为了描述数据的特征，那么应该使用描述统计；如果需要对多组数据进行比较或者根据样本信息推断总体情况，那么应该使用推断统计 。

三、指标赋权

第四章详细介绍了主观赋权与客观赋权的 AHP一熵权法。总结如下。

(一)确定基于 AHP 法的主观权重

首先，基于 AHP 法对评估指标进行主观权重确定，但其确定是不够客观的，权重值的科学性受到质疑。

(二)确定基于熵权法的客观权重

其次，针对 AHP 赋权法的不足，选择熵权法对各评估指标进行客观权重确定，以增加权值的科学性。

(三)确定 AHP—熵权法组合权重

最后，将 AHP 法和熵权法结合在一起，形成 AHP一熵权法组合赋值权重方法，最大程度提高 AHP 法的客观性，科学性。

四、数据分析及结果呈现

(一)机构效能评估指标的计算方法

1. 对各市县同一类型机构的各个指标进行无量纲化处理。计算公式为：

$$index = \frac{X - min}{max - min} \times 100 \quad 6\text{-}1)$$

Index 为评估指标的标准化分数，X 表示该指标的原始得分，min 为该指标在所有参评机构中该项指标得分的最小值，max 为该指标在所有参评机构中该项指标得分的最大值。

注：如遇某个数值过大，需重新确定 min 和 max。

2. 对机构评估指标赋权。AHP—熵权法赋值。

3. 机构评估综合得分。包含各指标标准化得分的累加平均数，计算公式为：

$$dept. = \frac{w_1 \times index_1 + w_2 \times index_2 + \cdots + w_n \times index_n}{n} \quad 6\text{-}2)$$

dept. 为机构综合得分，Wn 为各指标对应的权重，indexn 为机构评价指标得分，n 为机构评价指标数量。

(二)市县级公司单位效能评估的计算方法

地市公司根据自身内设机构的类型和数量，经赋权后，取平均数，得到公司单位的效能评估得分。计算公式为：

$$total = \frac{IW_1 \times dept._1 + IW_2 \times dept._2 + \cdots + IW_n \times dept._n}{n} \quad (6\text{-}3)$$

Total 为公司得分，IWn 为各机构评估对应的重要性权重，dept. n 为不同机构综合得分，n 为市县级公司内设机构数量。

(三)结果呈现

将收集筛选后的有效数据加权计算得分之后，为了更加直观地表达评估结果，可以将不同地区的结果、同一个机构不同时间段的评估结果展示出来，常见的结果呈现方式有数字、表格、图形三种。将数据进行横向比较与纵向比较，得出分析结果，分析结论，提出具有参考性的建议。

第四节　实施保障措施

效能评估是一个系统性工程，内容广泛、环节多、执行难度大，想要保证效能评估在组织机构中落到实处、见到实效，保证效能评估方案能顺利开展，就必须有一系列的保障措施，确保效能评价的内容、程序、方法都规范且切实有效。保障措施有实施要求、人员安排、实施计划三个方面。

一、实施要求

实施要求的提出是为了保证项目的顺利推进，是动员员工的前提条件，主要包括从上层的统筹协调到底层的贯彻实施、应用反馈。结合国网安徽电力实际，以持续提高机构运转效能为主线，顺利完成效能评估工作为核心，特提出以下要求：

（一）统筹安排，明确责任

人力资源部门确定专人牵头负责，相关部门单位明确相应人员深度参与配合，与调研组一起制定研究方案、指标和具体组织实施工作。确保组织机构内部的参与度，明确各自的定位与角色任务。高标准，高质量抓好各项筹备工作。各工作组应加强沟通衔接，确保各项筹备工作任务有条不紊推进，增强各项工作的计划性和主动性，明确完成的时间节点和操作的方式方法，层层压实责任，具体到事，细化到人。

（二）宣贯培训，稳步推进

在组织机构当中，任何一种体系及管理模式的有效形成都离不开组织机构文化的支持，效能管理想要成为一项重要内容，想要使其在组织内部顺利开展并不断发展，就需要有文化的支撑，即组织要重视在效能管理的基础上形成的价值观，它对组织的员工产生一定影响，对其行为进行调整，最终保证其与公司战略的一致性，因此组织倡导宣传并培养效能文化对于效能评估推进有很大的作用。加大宣传和培训力度，充分调动基层单位的主动性和创新性，加大效能评估机制推进力度，做到上层牵头，下属融入，并充分结合公司生产经营实际，通过加强调研分析、工作交流，制定好评估实施计划，有序地推进工作。

（三）选好试点，引领示范

选择电网运维、服务保障方面的业务机构作为重点，以市级供电公司内设机构和供电所、班组末端组织单元作为先行试点，从而起到试点做示范、建标杆、树信心、引领发展的作用。成立机构效能评估试点工作小组，统筹负责项目的整体推进，建立常态化的沟通交流机制，及时研究、协调解决试点工作中遇到的问题，高效推进试点工作。

（四）跟踪分析，确保成效

提高思想认识，强化组织领导。开展机构效能评估是对各单位及其内设机构进行“体检”的重要手段，各单位要高度重视，加强对评估结果的重视与利用，科学制定操作方案并确保评估结果的反馈作用落地。公司应对评估结果进行跟踪分析，促进机构对组织效能短板制定改进提升计划，并按照计划跟进组织效能提升情况，以确保组织机构效能评估达到提高资源配置利用效率，组织提质增效的目标。确保组织效能的评估结果应用于组织之中，一方面能够为组织带来效用，另一方面也能检验评估方案的有效性与实用性，确保能够发挥出作用，发挥好作用。

（五）多维对标，多向学习

综合运用内外部对标方式，尤其是积极对标长三角先进地区供电企业，客观评价公司各内设机构业务定位、发展态势、运营状况，以及投入资源的使用效率，为后续公司机构设置和资源配置提供决策支撑。

二、人员安排

(一)国网安徽电力人资部

负责牵头机构效能评估工作,组建专家项目工作组、指标设计组、实施保障组等机构,确保机构效能评估模型构建、评估方法确定、评估流程固化、推进结果应用等工作顺利推进;建立机构效能评估机制,组织基层单位开展机构效能评估工作。

(二)专家项目工作组

由高校专家教授、国网安徽电力人资部、组织部、地市公司及直属单位相关人员组成项目工作组,负责机构效能评估工作的整体工作,包括构建评估模型、指定评价指标、优化评估方法、规范评估流程、明确结果应用等。

(三)指标设计组

由国网安徽电力相关专业部门组成指标设计组,负责根据各类机构特性开展有针对性的指标设计、模型测试工作。并且在指定指标的时候充分考虑指标的可获得性及指标的测量方式是否简洁,力求用最少的指标作出最准确的判断。

(四)实践工作组

由相关人员、学者、学生等组成实践工作组,负责根据评估模型、指标体系等开展一些实践及分析等工作,分析数据,整理数据,收集信息,将信息、数据可视化,为专家领导等分析现状和评价效果提供基础材料。

(五)地市公司及省公司直属单位

负责配合开展国网安徽电力机构效能评估工作;组织开展本单位内设机构及班组机构效能评估工作,并根据评估结果优化机构设置、改善业务流程等。

表 6-4　人员分工表

团队	任务	具体参与人员
国网安徽电力人资部	统筹	分管评估的主管
专家项目工作组	制定整个评估方案，总体指导项目推进与落实	合作高效和企业专家
指标设计组	设计效能评估指标体系，实地调研	合作高校和企业专家
实践工作组	收集数据，数据分析及结果呈现	青年教师、研究生
地市公司及省公司直属单位	配合开展省公司机构效能评估工作	机构领导及骨干员工

三、具体实施计划

(一)定目标，建指标

采取“分机构类型评估＋地市公司评估”方式，针对选取的典型机构，分析组织特性，解读机构总目标，并将目标层层分解，落实到每个机构、每个环节的具体目标，针对目标构建差异化典型机构效能评估指标体系。并对指标体系进行全面分析，对定性指标和定量指标确定不同的数据收集和分析方法，做好试测前的准备工作。

(二)开展指标数据收集工作

在国网安徽电力公司收集业务指标数据，并在企业管理人员的积极配合下开展典型机构效能评估指标试测工作，充分协同相关专业部门，开展评估关键指标、数据采集校验工作。针对量化型指标，根据项目组设计的数据收集模板，组织各单位上报相关数据。针对评价型指标，部分指标通过评价模板收集相关数据，其他指标通过访谈、问卷、资料分析和现场调研等方式收集相关资料，以此来优化评估模型。

(三)编制机构效能调研报告

项目组克服困难着力项目研究推进,完成了《国网安徽电力组织机构效能调研报告》,并且开始根据已有数据计算相应得分。定性型指标采取量表法或专家会议法以及访谈法得出最终分数。并且根据项目的向前推进,形成《国网安徽省电力公司机构效能评估实施细则》,固化工作机制,搭建安徽公司组织机构效能评估体系。

(四)评估结果

用雷达图等方式显性化展示评估结果,分维度开展分析,科学定位、评估单位经营管理质量和发展潜力,为公司资源配置决策提供依据;同时给出各单位后期优化改进意见,帮助单位提升效能,促进业务持续高效发展。

(五)评估结果反馈

根据分析结果,由公司人力资源部组织,各单位和相关部门共同参与,共同探讨评估结果的价值,探索机构效能评估结果的应用模式。

(六)应用评估结果

对所属各单位开展组织机构能效评估工作,并形成组织机构能效结果看齐,指导各单位优化业务流程和职能配置;指导各单位开展县供电公司及其内设机构、典型班组组织机构能效评价工作,并将评估结果应用到组织机构、业务流程优化等方面。

第五节　结果应用

机构效能评估结果作为管理模式、业务流程、运行机制优化和制订配套人资政策的重要参考,为公司资源调配决策起着重要作用。配套考核激发各级机构效能意识。将公司部门内设机构效能评估与组织机构设置、机构编制资源分配挂钩,促进公司领导班子关注机构运营效能,助力公司提质增效。将市、县级公司班组级机构效能评估与对应组织绩效挂钩,引导提升劳动效率意识，激发基层员工主观能动性。

一、组织机构再设计

通过效能评估，能够随时更新组织机构现状，及时发现并掌握效能管理的痛点所在，然后找到原因，分析现状，多向沟通，提出相应解决方案。效能管理是由预先计划、事中管理、动态考核所构成的三线闭环的系统，而这个系统还是动态的循环的系统。对效能评估结果利用的最佳方式就是把效能评估的结果结合到效能评估的系统之中，使得其和日常管理活动结合在一起，不断提高机构的效率效益，从而达到机构优化的目标。分为公司职能部门优化设计和前端微观业务组织优化设计。

二、人力资源管理升级

1. 进行资源优化调整

及时进行机构业务优化调整，对未达到预期目标、设置及运行不规范的组织机构，通过整改或撤销、合并，盘活机构编制存量资源。另外可以建立起排列有序的职位体系，使每个职位都能在该体系中找到相应的位置，从而确定企业的职位数量和任职者人数及构成，为定编定员提供依据。准确说明每个职位的工作性质、特征、责任大小、技术难易、任职者所需要资格等职位特点和任职条件，为职工管理提供依据。

2. 人力资源优化配置

将各专业、各单位机构分类评估结果在公司范围内予以通报，并作为各单位制定机构优化、人员配置、薪酬倾斜、人才选聘等各项政策的重要依据。依托效能评估结果，持续提高精益化管理水平。对于“高效率高质量”类机构，配套正激励导向的人资政策；对于“高效率低质量”类机构，优化人力资源配置；对于“低效率高质量”类机构，提升人员素质水平；对于“低效率低质量”类机构，关注业务流程优化和组织再造。

三、企业规章制度创新

评估结果间接反映出机构内部规章制度的不合理性，因此可充分运用机构效能评估结果，洞察存在的弊端与障碍，优化组织机构设置、管理模式、规章条例、制度标准，激发各类机构内生动力，推动组织模式和运行机制创新。

四、革新管理与生产技术

组织机构中管理与生产技术变革问题一直是企业行为理论研究的核心问题，作为组织机构中的高风险决策行为，变革的发起与执行一直是管理者慎之又慎的事情。效能评估作为目标导向行为的代表，是驱动管理与技术变革的主要力量。当效能评估反馈高于预期效能的时候，组织应当继续加强资源配置和巩固管理结构；在组织效能低于预期效能的时候，管理者应当意识到现有的管理或生产技术存在缺陷与弊端，继而开启问题搜索模式，找到革新管理与生产技术的方向与道路。组织管理革新的动态性和独特性强度与实际效能和预期效能之间的缺口大小呈正相关关系。

五、观念更新

评估结果的反馈可以强化员工对组织价值取向的认同，最终形成组织的共同理想和共同价值观，培养以高效能为导向的企业文化。对于员工来说，效能评估的结果可以对员工形成外在激励与内在激励，更新观念，对标组织机构的评估标准与目标，锚定效能实现个人价值。对于组织来说，效能评估体系一经固化，应定期组织开展，深化拓展其结果应用于组织的各个方面，体现于每一项具体的工作任务之上，渗透于企业文化的建设中。

第七章　国网安徽电力机构效能评估典型案例

为详细剖析国网安徽电力机构效能情况，评估分为三个层次：一是分机构进行效能评估，主要了解各地市公司内设同类机构的机构效能；二是对地市公司内跨不同类型机构的效能进行评估，主要了解公司内部不同机构的效能；三是对地市公司的综合效能进行评估，形成不同地市公司综合效能。分层次的机构效能评估，有利于国网安徽电力优化资源配置，有利于为改进和完善企业规章制度、优化组织机构指明方向。

第一节　国网安徽电力分机构效能评估

分机构效能评估要针对不同机构，选用不同的机构效能评估指标体系，从而得到科学、可信的评估结果。根据表 6-3 所示的各机构效能评估指标体系，选择部分代表性指标，对各地市的 12 类典型内设机构分别开展横向机构效能评估。

一、数据收集与整理

(一)比较分析指标框架

根据表 6-3 所示及可获得的系统数据，此次 12 类典型机构效能评估指标的跨市公司比较选择了表 7-1 的十项评估指标。其中 S11、S22、O11、

O31、R11、R21、R22、X11 是共性指标，O2、R1 为特色指标。

表 7-1　国网安徽电力分机构效能评估指标框架

序号	机构名称	S11 职工态度	S22 人才当量密度	O11 科技成果(专利指标完成率)	O2 质量	O31 内部协调效率	R11 职工劳动生产率	R1 数量	R21 内部满意率	R22 运检营销类投诉率	X11 人身伤亡事故
1	输电运检中心				输电线路故障停运率			人均输电线长度			
2	变电运维中心				变电设备故障停运率			人均变电站数			
3	网格化供电服务中心				台区线损管理水平指数			人均营业户数			
4	配网运营中心				电费回收率			人均营业户数			
5	供电服务指挥中心				配网停电计划执行指标			人均营业户数			
6	电力调度控制中心				主网设备跳闸事故总信号正确上送率			人均主变数			
7	电费计量中心				35KV 及以上电费回收率			人均营业户数			
8	中心供电所				配变频繁停电指数			人均营业户数			
9	信息通信中心				独立通信电源省级集中监控率			人均通信光缆长度			
10	物资供应中心				物资合同付款及时率			人均电网设备数			
11	经济技术研究所				专利指标完成率			配网工程高质量规划建设			
12	综合服务中心				物资合同付款及时率			电网小型基建规范管理			

(二)补充数据

根据国网安徽电力提供的数据和研究内容，“职工态度”“内部协调效率”“内部满意度”等三项指标数据通过五级量表的问卷回收并处理，地市三项指标如表 7-2 所示。

表 7-2　三项指标问卷数据整理

序号	地市公司	S11 员工态度	O31 内部协调效率	R21 内部满意度
1	合肥	3.986	4.196	3.846
2	马鞍山	3.978	4.227	3.771
3	芜湖	3.892	4.133	3.603
4	安庆	4.107	4.389	3.977
….				

(四)原始数据采集

12 类典型机构各指标得分的原始数据,分机构收集各地市公司的相关数据。具体见表 7-3 到表 7-14。

表 7-3　国网安徽电力输电运检中心机构效能评估

市公司	S11 职工态度	S22 人才当量密度	O11 专利指标完成率	O21 输电线路故障停运率	O31 内部协调效率	R11 职工劳动生产率	R12 人均输电线长度	R21 内部满意率	R22 运检类投诉率
合肥	3.99	0.10	0.38	0.05	4.20	153.06	60.90	3.85	91.60
马鞍山	3.98	0.10	0.63	0.03	4.23	126.63	88.40	3.77	98.53
芜湖	3.89	0.24	1.17	0.08	4.13	109.46	36.90	3.60	95.60
安庆 …	4.11	0.11	1.22	0.03	4.39	32.37	51.40	3.98	90.67

表 7-4　国网安徽电力变电运维中心机构效能评估

市公司	S11 职工态度	S22 人才当量密度	O11 专利指标完成率	O21 变电设备故障停运率	O31 内部协调效率	R11 职工劳动生产率	R21 内部满意率	R22 运检类投诉率
合肥	3.99	0.10	0.38	0.05	4.20	153.06	3.85	91.60
马鞍山	3.98	0.10	0.63	0.03	4.23	126.63	3.77	98.53
芜湖	3.89	0.24	1.17	0.08	4.13	109.46	3.60	95.60
安庆	4.11	0.11	1.22	0.03	4.39	32.37	3.98	90.67
…								

表 7-5　国网安徽电力网格化供电服务中心机构效能评估

市公司	S11 职工态度	S22 人才当量密度	O11 专利指标完成率	O21 台区线损管理水平指数	O31 内部协调效率	R11 职工劳动生产率	R12 人均营业户数	R21 内部满意率	R22 营销类投诉率
合肥	3.99	0.10	0.38	0.99	4.20	153.06	0.94	3.85	91.60
马鞍山	3.98	0.10	0.63	0.97	4.23	126.63	0.67	3.77	98.53
芜湖	3.89	0.24	1.17	0.97	4.13	109.46	0.58	3.60	95.60
安庆	4.11	0.11	1.22	1.00	4.39	32.37	0.23	3.98	90.67
…									

表 7-6　国网安徽电力配网运营中心机构效能评估

市公司	S11 职工态度	S22 人才当量密度	O11 专利指标完成率	O21 电费回收率	O31 内部协调效率	R11 职工劳动生产率	R12 人均营业户数	R21 内部满意率	R22 营销类投诉率
合肥	3.99	0.10	0.38	1.00	4.20	153.06	0.94	3.85	91.60
马鞍山	3.98	0.10	0.63	1.00	4.23	126.63	0.67	3.77	98.53
芜湖	3.89	0.24	1.17	1.00	4.13	109.46	0.58	3.60	95.60
淮南	4.15	0.15	0.72	1.00	4.34	37.09	0.41	4.00	97.60
…									

表 7-7　国网安徽电力供电服务指挥中心机构效能评估

市公司	S11 职工态度	S22 人才当量密度	O11 专利指标完成率	O21 配网停电计划执行指标	O31 内部协调效率	R11 职工劳动生产率	R12 人均营业户数	R21 内部满意率	R22 营销类投诉率
合肥	3.99	0.10	0.38	0.90	4.20	153.06	0.94	3.85	91.60
马鞍山	3.98	0.10	0.63	0.90	4.23	126.63	0.67	3.77	98.53
芜湖	3.89	0.24	1.17	0.90	4.13	109.46	0.58	3.60	95.60
安庆	4.11	0.11	1.22	0.90	4.39	32.37	0.23	3.98	90.67
…									

表 7-8　国网安徽电力调度控制中心机构效能评估

市公司	S11 职工态度	S22 人才当量密度	O11 专利指标完成率	O21 主网设备跳闸事故总信号正确上送率	O31 内部协调效率	R11 职工劳动生产率	R21 内部满意率	R22 运检类投诉率
合肥	3.99	0.10	0.38	1.00	4.20	153.06	3.85	91.60
马鞍山	3.98	0.10	0.63	1.00	4.23	126.63	3.77	98.53
芜湖	3.89	0.24	1.17	1.00	4.13	109.46	3.60	95.60
安庆	4.11	0.11	1.22	0.90	4.39	32.37	3.98	90.67
…								

表 7-9　国网安徽电力电费计量中心机构效能评估

市公司	S11 职工态度	S22 人才当量密度	O11 专利指标完成率	O2135 KV 及以上电费回收率	O31 内部协调效率	R11 职工劳动生产率	R12 人均营业户数	R21 内部满意率	R22 营销类投诉率
合肥	3.99	0.10	0.38	1.00	4.20	153.06	0.94	3.85	91.60
马鞍山	3.98	0.10	0.63	1.00	4.23	126.63	0.67	3.77	98.53
芜湖	3.89	0.24	1.17	1.00	4.13	109.46	0.58	3.60	95.60
安庆	4.11	0.11	1.22	1.00	4.39	32.37	0.23	3.98	90.67
…									…

表 7-10　国网安徽电力中心供电所机构效能评估

市公司	S11 职工态度	S22 人才当量密度	O11 专利指标完成率	O21 配变频繁停电指数	O31 内部协调效率	R11 职工劳动生产率	R12 人均营业户数	R21 内部满意率	R22 运检/营销类投诉率
合肥	3.99	0.10	0.38	0.99	4.20	153.06	0.94	3.85	91.60
马鞍山	3.98	0.10	0.63	0.97	4.23	126.63	0.67	3.77	98.53
芜湖	3.89	0.24	1.17	0.97	4.13	109.46	0.58	3.60	95.60
安庆	4.11	0.11	1.22	1.00	4.39	32.37	0.23	3.98	90.67
…									

表 7-11 国网安徽电力信息通信中心机构效能评估

市公司	S11 职工态度	S22 人才当量密度	O11 专利指标完成率	O21 独立通信电源省级集中监控率	O31 内部协调效率	R11 职工劳动生产率	R21 内部满意率	R22 运检/营销类投诉率
合肥	3.99	0.10	0.38	1.00	4.20	153.06	3.85	91.60
马鞍山	3.98	0.10	0.63	0.90	4.23	126.63	3.77	98.53
芜湖	3.89	0.24	1.17	1.00	4.13	109.46	3.60	95.60
安庆	4.11	0.11	1.22	1.00	4.39	32.37	3.98	90.67
…								

表 7-12 国网安徽电力物资供应中心机构效能评估

市公司	S11 职工态度	S22 人才当量密度	O11 专利指标完成率	O21 物资业务精益管理指数	O31 内部协调效率	R11 职工劳动生产率	R21 内部满意率	R22 运检/营销类投诉率
合肥	3.99	0.10	0.38	0.99	4.20	153.06	3.85	91.60
马鞍山	3.98	0.10	0.63	0.99	4.23	126.63	3.77	98.53
芜湖	3.89	0.24	1.17	0.98	4.13	109.46	3.60	95.60
安庆	4.11	0.11	1.22	0.99	4.39	32.37	3.98	90.67
…								

表 7-13 国网安徽电力经济技术研究所机构效能评估

市公司	S11 职工态度	S22 人才当量密度	O11 科技成果指数	O21 专利指标完成率	O31 内部协调效率	R11 职工劳动生产率	R12 配网工程高质量规划建设	R21 内部满意率	R22 运检/营销类投诉率
合肥	3.99	0.10	6.38	0.38	4.20	153.06	100.50	3.85	91.60
马鞍山	3.98	0.10	1.00	0.63	4.23	126.63	101.25	3.77	98.53
芜湖	3.89	0.24	2.00	1.17	4.13	109.46	104.00	3.60	95.60
安庆	4.15	0.15	0.83	0.72	4.34	37.09	100.50	4.00	97.60
…									

表 7-14 国网安徽电力综合服务中心机构效能评估

市公司	S11 职工态度	S22 人才当量密度	O11 专利指标完成率	O21 物资业务精益管理指数	O31 内部协调效率	R11 职工劳动生产率	R21 内部满意率	R22 运检/营销类投诉率
合肥	3.99	0.10	0.38	0.99	4.20	153.06	3.85	91.60
马鞍山	3.98	0.10	0.63	0.99	4.23	126.63	3.77	98.53
芜湖	3.89	0.24	1.17	0.98	4.13	109.46	3.60	95.60
安庆	4.11	0.11	1.22	0.99	4.39	32.37	3.98	90.67
…								

二、指标赋权

因为国网安徽电力内设机构比较多，具体评估指标构建也有区别，直观表现为指标数量差异。12 类内设机构数据分析的指标赋权计算分为以输电运检中心为代表的指标机构，以及以变电运维中心为代表的指标机构。

（一）AHP 层次分析法

1. 以输电运检中心为例

（1）由专家对指标进行评分

以输电运检中心数据为例，在线邀请学术专家和企业专家进行指标打分，总和等于 100。然后平均分，取整数。详见表 7-15。

表 7-15 输电运检中心——指标专家评分表

指标	S11 职工态度	S22 人才当量密度	O11 专利指标完成率	O21 输电线路故障停运率	O31 内部协调效率	R11 职工劳动生产率	R12 人均输电线长度	R21 内部满意率	R22 运检/营销类投诉率
专家评分	8	7	10	20	10	5	20	5	15

（2）根据专家评分构造判断矩阵

判断矩阵见表 7-16。

表 7-16　输电运检中心——判断矩阵

Z	S11 职工态度	S22 人才当量密度	O11 专利指标完成率	O21 输电线路故障停运率	O31 内部协调效率	R11 职工劳动生产率	R12 人均输电线长度	R21 内部满意率	R22 运检/营销类投诉率
S11 职工态度	1.00	3.00	0.33	0.14	0.33	5.00	0.14	5.00	0.20
S22 人才当量密度	0.33	1.00	0.20	0.11	0.20	3.00	0.11	3.00	0.14
O11 专利指标完成率	3.00	5.00	1.00	0.20	1.00	7.00	0.20	7.00	0.33
O21 输电线路故障停运率	7.00	9.00	5.00	1.00	5.00	11.00	1.00	11.00	3.00
O31 内部协调效率	3.00	5.00	1.00	0.20	1.00	7.00	0.20	7.00	0.33
R11 职工劳动生产率	0.20	0.33	0.14	0.09	0.14	1.00	0.09	1.00	0.11
R12 人均输电线长度	7.00	9.00	5.00	1.00	5.00	11.00	1.00	11.00	3.00
R21 内部满意率	0.20	0.33	0.14	0.09	0.14	1.00	0.09	1.00	0.11
R22 运检/营销类投诉率	5.00	7.00	3.00	0.33	3.00	9.00	0.33	9.00	1.00

(3)按列归一化并求权重

对每一行数据进行均值计算,即可得到权重,见表 7-17。

表 7-17 输电运检中心——各指标权重

Z	S11 职工态度	S22 人才当量密度	O11 专利指标完成率	O21 输电线路故障停运率	O31 内部协调效率	R11 职工劳动生产率	R12 人均输电线长度	R21 内部满意率	R22 运检/营销类投诉率	权重
S11 职工态度	0.04	0.08	0.02	0.05	0.02	0.09	0.05	0.09	0.02	0.05
S22 人才当量密度	0.01	0.03	0.01	0.04	0.01	0.05	0.04	0.05	0.02	0.03

续表

Z	S11 职工态度	S22 人才当量密度	O11 专利指标完成率	O21 输电线路故障停运率	O31 内部协调效率	R11 职工劳动生产率	R12 人均输电线长度	R21 内部满意率	R22 运检/营销类投诉率	权重
O11 专利指标完成率	0.11	0.13	0.06	0.06	0.06	0.13	0.06	0.13	0.04	0.09
O21 输电线路故障停运率	0.26	0.23	0.32	0.32	0.32	0.20	0.32	0.20	0.36	0.28
O31 内部协调效率	0.11	0.13	0.06	0.06	0.06	0.13	0.06	0.13	0.04	0.09
R11 职工劳动生产率	0.01	0.01	0.01	0.03	0.01	0.02	0.03	0.02	0.01	0.02
R12 人均输电线长度	0.26	0.23	0.32	0.32	0.32	0.20	0.32	0.20	0.36	0.28
R21 内部满意率	0.01	0.01	0.01	0.03	0.01	0.02	0.03	0.02	0.01	0.02
R22 运检/营销类投诉率	0.19	0.18	0.19	0.11	0.19	0.16	0.11	0.16	0.12	0.16

(4)一致性检验

根据计算，$\lambda_{max} = \sum_{i=1}^{n} \frac{[A\omega]_i}{n\omega_i} = 9.6461$ ，$CI = \frac{\lambda - n}{n-1} = 0.0808$ ，查阅一致性检验 RI 值表可得，RI=1.46，$CR = \frac{CI}{RI} = 0.0554$ ，CR 值小于 0.1，通过了一致性检验。详见表 7-18。

表 7-18　输电运检中心评价指标一致性检验

	S11 职工态度	S22 人才当量密度	O11 专利指标完成率	O21 输电线路故障停运率	O31 内部协调效率	R11 职工劳动生产率	R12 人均输电线长度	R21 内部满意率	R22 运检/营销类投诉率
ω	0.05	0.03	0.09	0.28	0.09	0.02	0.28	0.02	0.16
Aω	0.46	0.26	0.85	2.86	0.85	0.14	2.86	0.14	1.60
λ	9.65								
CI	0.08								
RI	1.41								
CR	0.06								

2. 以变电运维中心为例

同理可得其权重,详见表 7-19。

表 7-19 变电运维中心——各指标权重

Z	S11 职工态度	S22 人才当量密度	O11 专利指标完成率	O21 变电设备故障停运率	O31 内部协调效率	R11 职工劳动生产率	R21 内部满意率	R22 运检/营销类投诉率	权重
S11 职工态度	0.04	0.07	0.02	0.04	0.02	0.04	0.02	0.09	0.044
S22 人才当量密度	0.01	0.02	0.01	0.04	0.02	0.03	0.02	0.05	0.027
O11 专利指标完成率	0.11	0.12	0.06	0.03	0.04	0.06	0.04	0.13	0.073
O21 变电设备故障停运率	0.25	0.22	0.28	0.06	0.34	0.31	0.34	0.20	0.250
O31 内部协调效率	0.18	0.17	0.17	0.31	0.11	0.10	0.11	0.16	0.165
R11 职工劳动生产率	0.25	0.22	0.28	0.10	0.34	0.31	0.34	0.20	0.255
R21 内部满意率	0.18	0.17	0.17	0.31	0.11	0.10	0.11	0.16	0.165
R22 运检/营销类投诉率	0.01	0.01	0.01	0.10	0.01	0.03	0.01	0.02	0.025

(4)一致性检验

根据计算,$\lambda_{max}=\sum_{i=1}^{n}\frac{[A\omega]_i}{n\omega_i}==8.8790$,$CI=\frac{\lambda-n}{n-1}=0.1258$,查阅一致性检验 RI 值表可得,RI=1.41,$CR=\frac{CI}{RI}=0.0891$,CR 值小于 0.1,通过了一致性检验。详见表 7-20。

表 7-20 变电运维中心评价指标一致性检验

	S11 职工态度	S22 人才当量密度	O11 专利指标完成率	O21 变电设备故障停运率	O31 内部协调效率	R11 职工劳动生产率	R21 内部满意率	R22 运检/营销类投诉率
ω	0.04	0.03	0.07	0.25	0.16	0.26	0.16	0.02
Aω	0.41	0.23	0.72	2.67	1.34	2.67	1.34	0.14
λ	8.88							
CI	0.13							
RI	1.41							
CR	0.09							

(二)熵权法

1. 以输电运检中心为例

(1)划分指标类型

根据指标性质,分为正向指标(P)和负向指标(N),如表 7-21 所示。正向指标标准化公式为 $Z=\frac{X-min}{max-min}$;负向指标标准化公式为 $Z=\frac{max-X}{max-min}$。

表 7-21　输电运检中心各指标类型

指标	S11 职工态度	S22 人才当量密度	O11 专利指标完成率	O21 输电线路故障停运率	O31 内部协调效率	R11 职工劳动生产率	R12 人均输电线长度	R21 内部满意率	R22 运检/营销类投诉率
Type	P	P	P	N	P	P	P	P	N

(2)数据的标准化与归一化

实践中,由于某些指标的数据极值达不到理论上的最大值,所以在标准化之后,要进行归一化处理,结果见表 7-22。

表 7-22 输电运检中心各指标归一化数据

S11 职工态度	S22 人才当量密度	O11 专利指标完成率	O21 输电线路故障停运率	O31 内部协调效率	R11 职工劳动生产率	R12 人均输电线长度	R21 内部满意率	R22 运检/营销类投诉率
0.05	0.01	0.03	0.08	0.06	0.19	0.02	0.07	0.13
0.05	0.00	0.06	0.08	0.07	0.15	0.05	0.05	0.00
0.03	0.11	0.13	0.08	0.05	0.12	0.00	0.00	0.06
0.09	0.01	0.13	0.08	0.10	0.01	0.02	0.11	0.15
0.10	0.04	0.07	0.08	0.09	0.02	0.00	0.12	0.02
0.00	0.03	0.04	0.07	0.00	0.07	0.08	0.03	0.06
0.04	0.05	0.06	0.06	0.02	0.02	0.07	0.01	0.09
0.06	0.04	0.05	0.08	0.04	0.10	0.10	0.03	0.06
0.06	0.01	0.00	0.06	0.06	0.07	0.03	0.08	0.00
0.03	0.12	0.18	0.06	0.05	0.09	0.14	0.02	0.05
0.06	0.04	0.06	0.08	0.08	0.02	0.11	0.04	0.11
0.11	0.09	0.03	0.01	0.09	0.06	0.02	0.10	0.05
0.09	0.23	0.01	0.03	0.10	0.01	0.04	0.12	0.01
0.06	0.10	0.04	0.08	0.05	0.06	0.04	0.06	0.01
0.08	0.06	0.03	0.08	0.07	0.00	0.01	0.08	0.06
0.08	0.07	0.09	0.00	0.07	0.01	0.27	0.06	0.15

(3)计算信息熵

熵权法利用信息论的基本原理,通过指标数据的差异程度来度量各指标的权重,而熵值正是表示了一个系统的无序程度,故利用指标数据信息熵的概念去呈现指标的差异化程度。

假设有 m 个评价对象,n 个评价指标,经过标准化处理后便可得到 m×n 的矩阵,本研究中 m=16,n=9,首先计算 P_{ij} ,即求出第 j 项指标下第 i 个评价对象所占比例。具体公式如下:

$$P_{ij} = x_{ij} / \sum_{i=1}^{m} x_{ij}$$

信息熵 e_j 计算公式为:

$$e_j = -\frac{1}{\ln n}\sum_{i=0}^{m} p_{ij} ln(p_{ij})$$

具体结果见表7-23。

表7-23 输电运检中心各指标信息熵

S11职工态度	S22人才当量密度	O11专利指标完成率	O21输电线路故障停运率	O31内部协调效率	R11职工劳动生产率	R12人均输电线长度	R21内部满意率	R22运检/营销类投诉率
0.96	0.86	0.90	0.96	0.95	0.86	0.83	0.92	0.88

注：计算信息熵时，由于标准化数据中的0和1会影响计算，故需要对其进行一定处理，通常有两种处理方法，一是对标准化数据进行平移，即所有值加减一定数值，实现数据的平移，本研究即采用该法，对所有数值均加上0.00001；二是当 $P_{ij}=0$ 或1时，直接令 $p_{ij} ln(p_{ij})=0$。

(4)计算差异系数

差异系数 $g_j = 1 - e_j$。具体结果见表7-24。

表7-24 输电运检中心各指标差异系数

S11职工态度	S22人才当量密度	O11专利指标完成率	O21输电线路故障停运率	O31内部协调效率	R11职工劳动生产率	R12人均输电线长度	R21内部满意率	R22运检/营销类投诉率
0.04	0.14	0.10	0.04	0.05	0.14	0.17	0.08	0.12

(5)计算权重

权重 $w_j = g_j / \sum_{j=1}^{n} g_j$。具体结果见表7-25。

表7-25 输电运检中心各指标熵权权重

S11职工态度	S22人才当量密度	O11专利指标完成率	O21输电线路故障停运率	O31内部协调效率	R11职工劳动生产率	R12人均输电线长度	R21内部满意率	R22运检/营销类投诉率
0.05	0.16	0.11	0.05	0.05	0.16	0.20	0.09	0.14

2. 以变电运维中心为例

同理计算得出变电运维中心效能评估各指标熵权权重。见表7-26。

表 7-26　变电运维中心各指标熵权权重

S11 职工态度	S22 人才当量密度	O11 专利指标完成率	O21 变电设备故障停运率	O31 内部协调效率	R11 职工劳动生产率	R21 内部满意率	R22 运检/营销类投诉率
0.062	0.194	0.139	0.059	0.068	0.196	0.108	0.174

(三)综合权重

AHP 层次分析法主要是依据专家打分的主观指标，熵权法是基于数据性质的客观指标，对两者各取 50%权重进行求平均数，获得综合权重。仅以输电运检中心为例，见表 7-27 与表 7-28。

表 7-27　AHP-熵权——输电运检中心各指标权重

	S11 职工态度	S22 人才当量密度	O11 专利指标完成率	O21 输电线路故障停运率	O31 内部协调效率	R11 职工劳动生产率	R12 人均输电线长度	R21 内部满意率	R22 运检/营销类投诉率
AHP 法	0.05	0.03	0.09	0.28	0.09	0.02	0.28	0.02	0.16
熵权法	0.05	0.16	0.11	0.05	0.05	0.16	0.20	0.09	0.14
AHP-熵权	0.05	0.09	0.10	0.16	0.07	0.09	0.24	0.05	0.15

表 7-28　AHP-熵权——变电运维中心各指标权重

	S11 职工态度	S22 人才当量密度	O11 专利指标完成率	O21 变电设备故障停运率	O31 内部协调效率	R11 职工劳动生产率	R21 内部满意率	R22 运检/营销类投诉率
AHP 法	0.044	0.026	0.072	0.249	0.164	0.255	0.164	0.025
熵权法	0.062	0.194	0.139	0.059	0.068	0.196	0.108	0.174
AHP一熵权	0.053	0.110	0.106	0.154	0.116	0.225	0.136	0.099

三、分机构效能比较

以国网安徽电力根据各地市公司内设典型机构为基础，比较相关地市公司同一内设机构的效能水平。这里讨论 12 类典型内设机构，采用输电运检中心或变电运维中心的数据。

(一)输电运检中心效能一览表

表 7-29 国网安徽电力输电运检中心效能评估

市公司	S11 职工态度	S22 人才当量密度	O11 专利指标完成率	O21 输电线路故障停运率	O31 内部协调效率	R11 职工劳动生产率	R12 人均输电线长度	R21 内部满意率	R22 运检/营销类投诉率	加权平均值
AHP-熵权	*0.05*	*0.09*	*0.10*	*0.16*	*0.07*	*0.09*	*0.24*	*0.05*	*0.15*	/
合肥	0.51	0.03	0.16	0.97	0.61	1.00	0.09	0.61	0.86	0.51
马鞍山	0.49	0.00	0.34	0.99	0.67	0.80	0.19	0.42	0.03	0.41
芜湖	0.29	0.47	0.72	0.93	0.48	0.66	0.00	0.00	0.38	0.43
安庆	0.80	0.03	0.75	1.00	1.00	0.06	0.06	0.94	0.97	0.56
…										

(二)变电运维中心效能一览表

表 7-30 国网安徽电力变电运维中心效能评估

市公司	S11 职工态度	S22 人才当量密度	O11 专利指标完成率	O21 变电设备故障停运率	O31 内部协调效率	R11 职工劳动生产率	R21 内部满意率	R22 运检/营销类投诉率	加权平均值
AHP-熵权	*0.053*	*0.110*	*0.106*	*0.154*	*0.116*	*0.225*	*0.136*	*0.099*	/
合肥	0.51	0.03	0.16	0.97	0.61	1.00	0.61	0.86	0.66
马鞍山	0.49	0.00	0.34	0.99	0.67	0.80	0.42	0.03	0.53
芜湖	0.29	0.47	0.72	0.93	0.48	0.66	0.00	0.38	0.53
安庆	0.80	0.03	0.75	1.00	1.00	0.06	0.94	0.97	0.64
…									

(三)网格化供电服务中心效能一览表

表 7-31 国网安徽电力网格化供电服务中心效能评估

市公司	S11 职工态度	S22 人才当量密度	O11 专利指标完成率	O21 台区线损管理水平指数	O31 内部协调效率	R11 职工劳动生产率	R12 人均营业户数	R21 内部满意率	R22 运检/营销类投诉率	加权平均值
AHP-熵权	*0.05*	*0.09*	*0.10*	*0.16*	*0.07*	*0.09*	*0.24*	*0.05*	*0.15*	/
合肥	0.51	0.03	0.16	0.50	0.61	1.00	1.00	0.61	0.86	0.65
马鞍山	0.49	0.00	0.34	0.00	0.67	0.80	0.62	0.42	0.03	0.35
芜湖	0.29	0.47	0.72	0.00	0.48	0.66	0.49	0.00	0.38	0.39
安庆	0.80	0.03	0.75	1.00	1.00	0.06	0.00	0.94	0.97	0.55
…										

(四)配网运营中心效能一览表

表 7-32 国网安徽电力配网运营中心效能评估

市公司	S11 职工态度	S22 人才当量密度	O11 专利指标完成率	O21 电费回收率	O31 内部协调效率	R11 职工劳动生产率	R12 人均营业户数	R21 内部满意率	R22 运检/营销类投诉率	加权平均值
AHP-熵权	*0.05*	*0.09*	*0.10*	*0.16*	*0.07*	*0.09*	*0.24*	*0.05*	*0.15*	/
合肥	0.36	0.06	0.02	1.00	0.62	1.00	1.00	0.62	0.85	0.72
马鞍山	0.33	0.00	0.23	1.00	0.70	0.80	0.54	0.43	0.00	0.47
芜湖	0.00	0.94	0.67	1.00	0.45	0.66	0.39	0.00	0.36	0.55
淮南	1.00	0.35	0.30	1.00	1.00	0.10	0.10	1.00	0.11	0.45
…										

(五)供电服务指挥中心效能一览表

表 7-33 国网安徽电力供电服务指挥中心效能评估

市公司	S11 职工态度	S22 人才当量密度	O11 专利指标完成率	O21 配网停电计划执行指标	O31 内部协调效率	R11 职工劳动生产率	R12 人均营业户数	R21 内部满意率	R22 运检/营销类投诉率	加权平均值
AHP-熵权	*0.05*	*0.09*	*0.10*	*0.16*	*0.07*	*0.09*	*0.24*	*0.05*	*0.15*	/
合肥	0.51	0.03	0.16	1.00	0.61	1.00	1.00	0.61	0.86	0.73

续表

市公司	S11 职工态度	S22 人才当量密度	O11 专利指标完成率	O21 配网停电计划执行指标	O31 内部协调效率	R11 职工劳动生产率	R12 人均营业户数	R21 内部满意率	R22 运检/营销类投诉率	加权平均值
马鞍山	0.49	0.00	0.34	0.62	0.67	0.80	0.62	0.42	0.03	0.45
芜湖	0.29	0.47	0.72	1.00	0.48	0.66	0.49	0.00	0.38	0.56
安庆	0.80	0.03	0.75	1.00	1.00	0.06	0.00	0.94	0.97	0.55
…										

(六)电力调度控制中心效能一览表

表 7-34　国网安徽电力调度控制中心效能评估

市公司	S11 职工态度	S22 人才当量密度	O11 专利指标完成率	O21 主网设备跳闸事故总信号正确上送率	O31 内部协调效率	R11 职工劳动生产率	R21 内部满意率	R22 运检/营销类投诉率	加权平均值
AHP-熵权	*0.053*	*0.110*	*0.106*	*0.154*	*0.116*	*0.225*	*0.136*	*0.099*	/
合肥	0.51	0.03	0.16	1.00	0.61	1.00	0.61	0.86	0.67
马鞍山	0.49	0.00	0.34	1.00	0.67	0.80	0.42	0.03	0.53
芜湖	0.29	0.47	0.72	1.00	0.48	0.66	0.00	0.38	0.54
安庆	0.80	0.03	0.75	0.00	1.00	0.06	0.94	0.97	0.48
…									

(七)电费计量中心效能一览表

表 7-35　国网安徽电力电费计量中心效能评估

市公司	S11 职工态度	S22 人才当量密度	O11 专利指标完成率	O2135KV 及以上电费回收率	O31 内部协调效率	R11 职工劳动生产率	R12 人均营业户数	R21 内部满意率	R22 运检/营销类投诉率	加权平均值
AHP-熵权	*0.05*	*0.09*	*0.10*	*0.16*	*0.07*	*0.09*	*0.24*	*0.05*	*0.15*	/
合肥	0.51	0.03	0.09	1.00	0.61	1.00	1.00	0.61	0.85	0.73

续表

市公司	S11 职工态度	S22 人才当量密度	O11 专利指标完成率	O2135KV及以上电费回收率	O31 内部协调效率	R11 职工劳动生产率	R12 人均营业户数	R21 内部满意率	R22 运检/营销类投诉率	加权平均值
马鞍山	0.49	0.00	0.28	1.00	0.67	0.80	0.62	0.42	0.00	0.50
芜湖	0.29	0.47	0.70	1.00	0.48	0.66	0.49	0.00	0.36	0.55
安庆	0.80	0.03	0.73	1.00	1.00	0.06	0.00	0.94	0.97	0.55
…										

(八)中心供电所效能一览表

表 7-36 国网安徽电力中心供电所效能评估

市公司	S11 职工态度	S22 人才当量密度	O11 专利指标完成率	O21 配变频繁停电指数	O31 内部协调效率	R11 职工劳动生产率	R12 人均营业户数	R21 内部满意率	R22 运检/营销类投诉率	加权平均值
AHP-熵权	*0.05*	*0.09*	*0.10*	*0.16*	*0.07*	*0.09*	*0.24*	*0.05*	*0.15*	/
合肥	0.51	0.03	0.16	0.25	0.61	1.00	1.00	0.61	0.86	0.61
马鞍山	0.49	0.00	0.34	1.00	0.67	0.80	0.62	0.42	0.03	0.51
芜湖	0.29	0.47	0.72	0.00	0.48	0.66	0.49	0.00	0.38	0.39
安庆	0.80	0.03	0.75	1.00	1.00	0.06	0.00	0.94	0.97	0.55
…										

(九)信息通信中心效能一览表

表 7-37 国网安徽电力信息通信中心效能评估

市公司	S11 职工态度	S22 人才当量密度	O11 专利指标完成率	O21 独立通信电源省级集中监控率	O31 内部协调效率	R11 职工劳动生产率	R21 内部满意率	R22 运检/营销类投诉率	加权平均值
AHP-熵权	*0.053*	*0.110*	*0.106*	*0.154*	*0.116*	*0.225*	*0.136*	*0.099*	/
合肥	0.51	0.03	0.16	1.00	0.61	1.00	0.61	0.86	0.67

续表

市公司	S11 职工态度	S22 人才当量密度	O11 专利指标完成率	O21 独立通信电源省级集中监控率	O31 内部协调效率	R11 职工劳动生产率	R21 内部满意率	R22 运检/营销类投诉率	加权平均值
AHP-熵权	*0.053*	*0.110*	*0.106*	*0.154*	*0.116*	*0.225*	*0.136*	*0.099*	/
马鞍山	0.49	0.00	0.34	0.00	0.67	0.80	0.42	0.03	0.38
芜湖	0.29	0.47	0.72	1.00	0.48	0.66	0.00	0.38	0.54
安庆	0.80	0.03	0.75	1.00	1.00	0.06	0.94	0.97	0.64
…									

(十)物资供应中心效能一览表

表 7-38　国网安徽电力物资供应中心效能评估

市公司	S11 职工态度	S22 人才当量密度	O11 专利指标完成率	O21 物资业务精益管理指数	O31 内部协调效率	R11 职工劳动生产率	R21 内部满意率	R22 运检/营销类投诉率	加权平均值
AHP-熵权	*0.053*	*0.110*	*0.106*	*0.154*	*0.116*	*0.225*	*0.136*	*0.099*	/
合肥	0.51	0.03	0.16	0.94	0.61	1.00	0.61	0.86	0.66
马鞍山	0.49	0.00	0.34	0.88	0.67	0.80	0.42	0.03	0.52
芜湖	0.29	0.47	0.72	0.79	0.48	0.66	0.00	0.38	0.51
安庆	0.80	0.03	0.75	0.92	1.00	0.06	0.94	0.97	0.62
…									

(十一)经济技术研究所效能一览表

表 7-39　国网安徽电力经济技术研究所效能评估

市公司	S11 职工态度	S22 人才当量密度	O11 科技成果指数	O21 专利指标完成率	O31 内部协调效率	R11 职工劳动生产率	R12 配网工程高质量规划建设	R21 内部满意率	R22 运检/营销类投诉率	加权平均值
AHP-熵权	*0.05*	*0.09*	*0.10*	*0.16*	*0.07*	*0.09*	*0.24*	*0.05*	*0.15*	/

续表

市公司	S11 职工态度	S22 人才当量密度	O11 科技成果指数	O21 专利指标完成率	O31 内部协调效率	R11 职工劳动生产率	R12 配网工程高质量规划建设	R21 内部满意率	R22 运检/营销类投诉率	加权平均值
合肥	0.51	0.03	1.00	0.16	0.61	1.00	0.46	0.61	0.86	0.55
马鞍山	0.49	0.00	0.12	0.34	0.67	0.80	0.58	0.42	0.03	0.37
芜湖	0.29	0.47	0.29	0.72	0.48	0.66	1.00	0.00	0.38	0.59
安庆	0.90	0.18	0.09	0.40	0.90	0.10	0.46	0.99	0.14	0.39
…										

(十二)综合服务中心效能一览表

表 7-40　国网安徽电力综合服务中心效能评估

市公司	S11 职工态度	S22 人才当量密度	O11 专利指标完成率	O21 物资业务精益管理指数	O31 内部协调效率	R11 职工劳动生产率	R21 内部满意率	R22 运检/营销类投诉率	加权平均值
AH-熵权	*0.053*	*0.110*	*0.106*	*0.154*	*0.116*	*0.225*	*0.136*	*0.099*	/
合肥	0.51	0.03	0.16	0.94	0.61	1.00	0.61	0.86	0.66
马鞍山	0.49	0.00	0.34	0.88	0.67	0.80	0.42	0.03	0.52
芜湖	0.29	0.47	0.72	0.79	0.48	0.66	0.00	0.38	0.51
安庆	0.80	0.03	0.75	0.92	1.00	0.06	0.94	0.97	0.62
…									

四、可视化结果呈现

(一)输电运检中心效能

设置输电运检中心机构的地市公司中,以如图 7-1 所示四地市公司为例,安庆市公司的输电运检中心发挥出最高的机构效能,而马鞍山市公司的输电运检中心,其机构效能只有第一名的 73%。

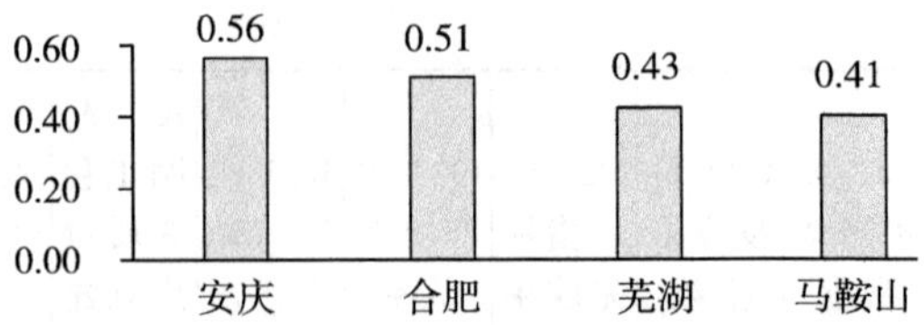

图 7-1　国网安徽电力输电运检中心效能评估

(二)变电运维中心效能

设置变电运维中心的地市公司中,以如图 7-2 所示四地市公司为例,合肥市公司变电运维中心发挥出最高的机构效能,而芜湖市公司的变电运维中心的机构效能只有第一名的 80%。

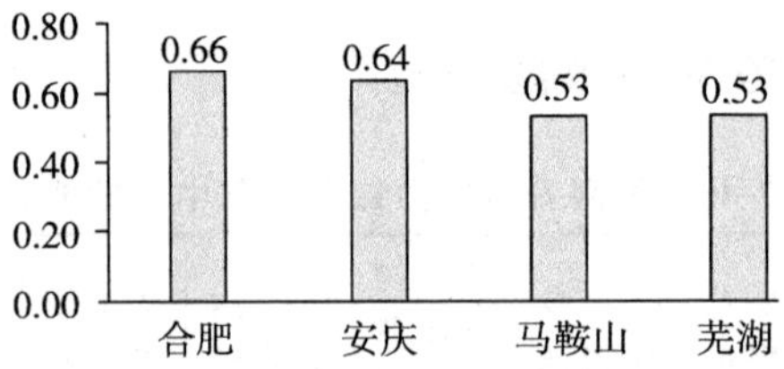

图 7-2　国网安徽电力变电运维中心效能评估

(三)网格化供电服务中心效能

设置网格化供电服务中心机构的地市公司中,以如图 7-3 所示的四地市公司为例,合肥市公司的网格化供电服务中心发挥出最高的机构效能,这可能源于合肥市公司行之有效的班组改革,而马鞍山市公司的网格化供电服务中心机构效能评分最低,只有合肥市公司的 54%。

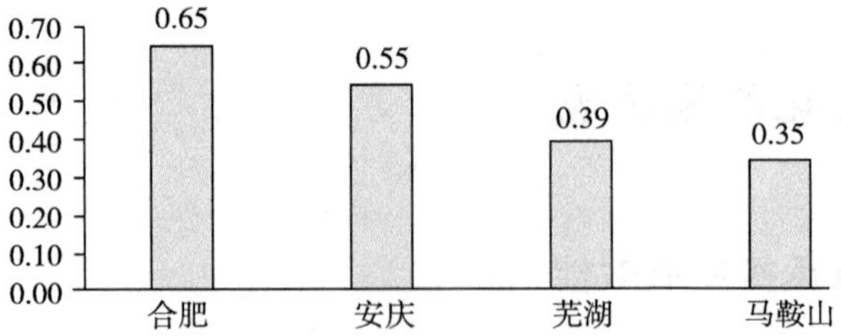

图 7-3　国网安徽电力网格化供电服务中心效能评估

(四)配网运营中心效能

设置网格化供电服务中心机构的地市公司中,以如图 7-4 所示四地市公司为例,合肥市公司的配电运营中心发挥出最高的机构效能,而淮南市公司配网运营中心机构效能只有合肥的 62.5%。

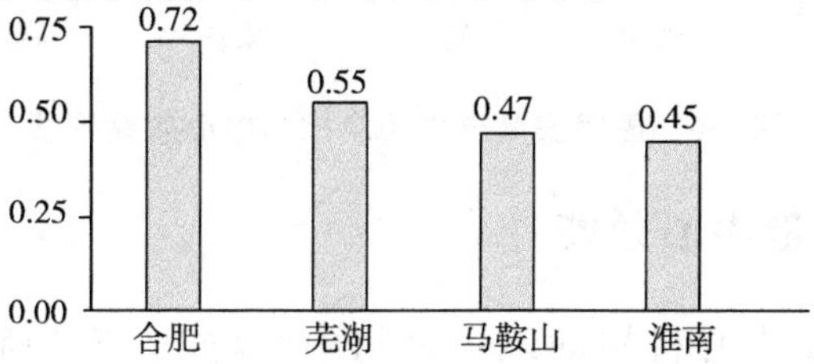

图 7-4　国网安徽电力配网运营中心效能评估

(五)供电服务指挥中心效能

设置供电服务指挥中心机构的地市公司中,以如图 7-5 所示四地市公司为例,合肥市公司的供电服务指挥中心发挥出最高的机构效能,而马鞍山市供电服务指挥中心机构效能只有合肥的 61.6%。

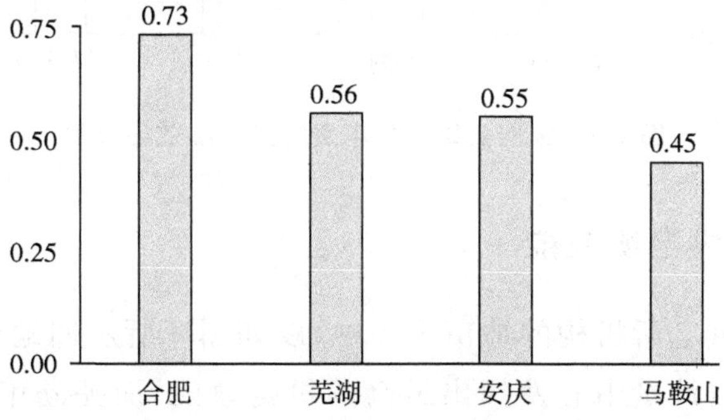

图 7-5　国网安徽电力供电服务指挥中心效能评估

(六)电力调度控制中心效能

设置电力调度控制中心机构的地市公司中,以如图 7-6 所示四地市公司为例,合肥市公司的电力调度控制中心发挥出最高的机构效能,而安庆市公司的电力调度控制中心机构效能只有合肥的 71.6%。

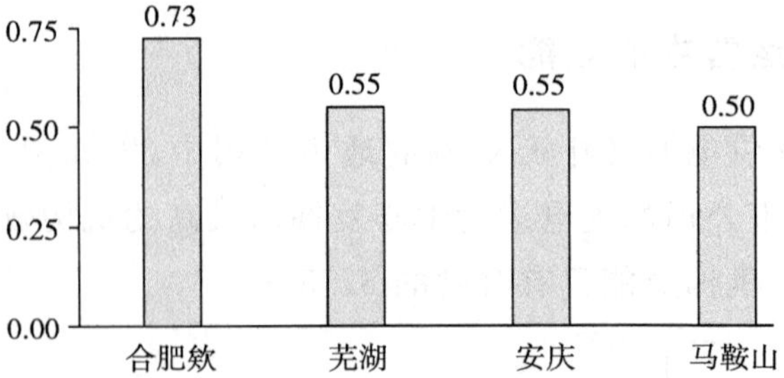

图 7-6　国网安徽电力调度控制中心效能评估

(七)电费计量中心效能

设置电费计量中心机构的地市公司中,以如图 7-7 所示四地市公司为例,合肥市公司的电费计量中心发挥出最高的机构效能,而马鞍山市公司的电费计量中心机构效能只有合肥的 68%。

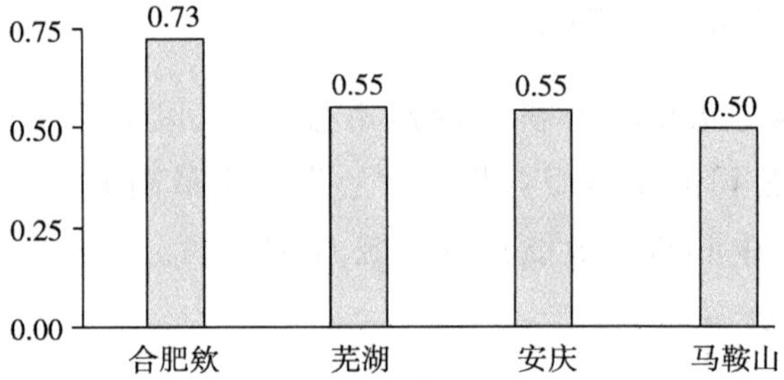

图 7-7　国网安徽电力电费计量中心效能评估

(八)中心供电所效能

设置中心供电所机构的地市公司中,以如图 8 所示四地市公司为例,合肥市公司的电费计量中心发挥出最高的机构效能,而芜湖市公司的中心供电所机构效能只是合肥的 64%。

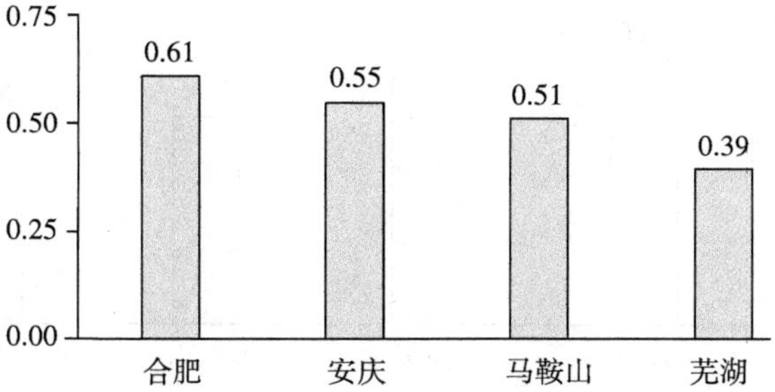

图 7-8　国网安徽电力中心供电所效能评估

(九)信息通信中心效能

设置信息通信中心机构的地市公司中,以如图 7-9 所示四地市公司为例,合肥市公司的信息通信中心发挥出最高的机构效能,而马鞍山市公司的信息通信中心机构效能则只有第一名的 56%。

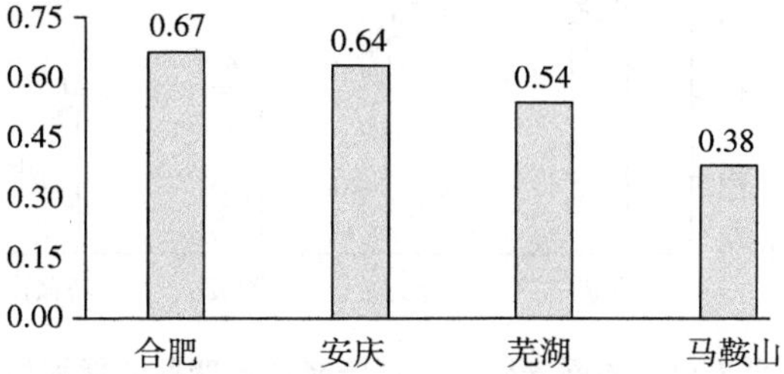

图 7-9　国网安徽电力信息通信中心效能评估

(十)物资供应中心效能

设置物资供应中心机构的地市公司中,以如图 7-10 所示四地市公司为例,合肥市公司的电费计量中心发挥出最高的机构效能,而芜湖市公司的物资供应中心机构效能则只有合肥的 77%。

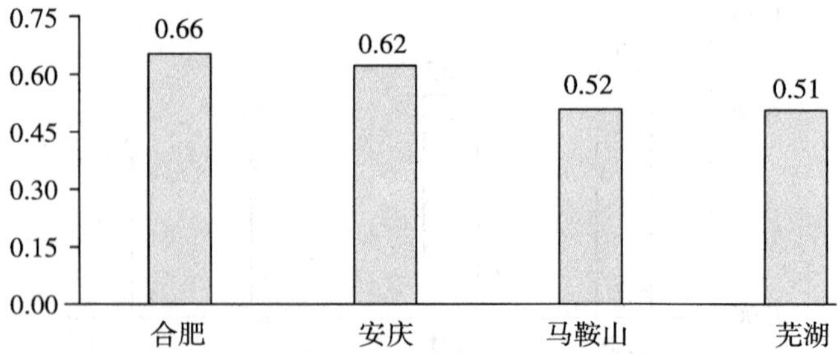

图 7-10　国网安徽电力物资供应中心效能评估

(十一)经济技术研究所效能

设置经济技术研究所机构的地市公司中,以如图 7-11 所示四地市公司为例,芜湖市公司的经济技术研究所发挥出最高的机构效能,而马鞍山市公司的经济技术研究所机构效能则只有第一名的 63%。

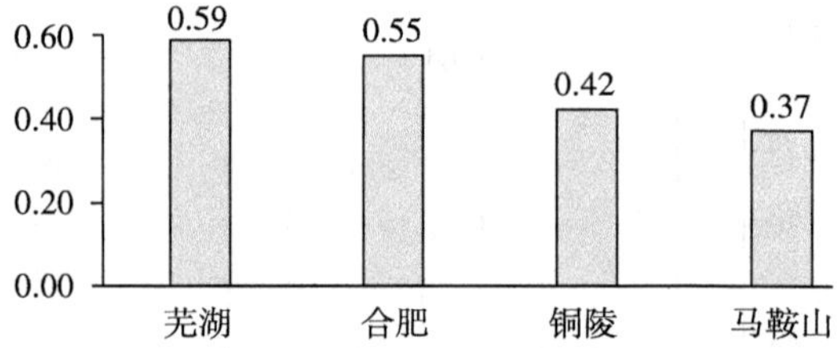

图 7-11　国网安徽电力经济技术研究所效能评估

(十二)综合服务中心效能

设置综合服务中心机构的地市公司中,以如图 7-12 所示四地市公司为例,合肥市公司的综合服务中心发挥出最高的机构效能,而芜湖市公司的综合服务中心机构效能只有合肥的 77%。

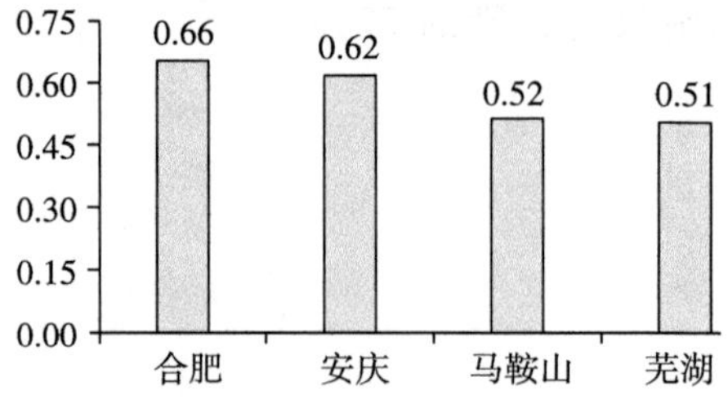

图 7-12　国网安徽电力综合服务中心效能评估

第二节　国网安徽电力各地市跨机构效能评估

跨机构效能评估要针对不同机构，选用相同的机构效能评估指标体系，从而得到科学、可信的评估结果。在表 6-3 所示的各机构效能评估指标体系中，凝练一个通用指标体系，对某市公司的各内设机构展开效能评估，以期了解某地市公司不同类别机构的相对效能水平。

一、数据收集与整理

(一)各地市公司内设机构比较分析指标框架

由于国网安徽电力系统化的对标数据绝大多数是以市公司为采集单位，如职工态度、专利指标完成率、管理创新指数、内部协调、职工劳动生产率、内部满意度、客户满意度，人身伤亡事故数、新进职工人数等数据。因此在现有指标体系内，可在运营转换质量和输出数量上体现市公司各内设机构效能。具体指标见表 7-41。

表 7-41　各地市公司内设机构效能比较分析指标框架

序号	内设机构	质量 O2	数量 R1
1	输电运检中心	输电线路故障停运率	人均输电线长度
2	变电运维中心	变电设备故障停运率	职工劳动生产率
3	网格化供电服务中心	台区线损管理水平指数	人均营业户数
4	配网运营中心	电费回收率	人均营业户数
5	供电服务指挥中心	配网停电计划执行指标	人均营业户数
6	电力调度控制中心	主网设备跳闸事故总信号正确上送率	职工劳动生产率
7	电费计量中心	35KV 及以上电费回收率	人均营业户数

续表

序号	内设机构	质量 O2	数量 R1
8	中心供电所	配变频繁停电指数	人均营业户数
9	信息通信中心	独立通信电源省级集中监控率	职工劳动生产率
10	物资供应中心	物资业务精益管理指数	职工劳动生产率
11	经济技术研究所	专利指标完成率	配网工程高质量规划建设
12	综合服务中心	物资业务精益管理指数	职工劳动生产率

(二)各指标数据来源

上述指标数据均来自于《国网安徽省电力有限公司 2021 年度地市公司对标指标数据》《市县公司 2022 年上半年对标指标统计表》、《市县公司 2022 年一季度对标指标统计表》，以及《国网安徽电力机构效能评估试点工作总结报告》。

(三)原始数据采集

1、数据采集的详细结果见表 7-42。

表 7-42 各地市公司数据汇总

内设机构	指标	合肥	马鞍山	芜湖	安庆	…
输电运检中心	O2	5.00%	3.30%	7.50%	2.50%	
	R1	60.90	88.40	36.90	51.40	
变电运维中心	O2	5.00%	3.30%	7.50%	2.50%	
	R1	153.06	126.63	109.46	32.37	
网格化供电服务中心	O2	98.50%	97.00%	97.00%	100.00%	
	R1	0.94	0.67	0.58	0.23	
配网运营中心	O2	100.00%	100.00%	100.00%	/	
	R1	0.94	0.67	0.58	/	
供电服务指挥中心	O2	90.00%	89.91%	90.00%	90.00%	
	R1	0.94	0.67	0.58	0.23	

续表

内设机构	指标	合肥	马鞍山	芜湖	安庆	…
电力调度控制中心	O2	100.00%	100.00%	100.00%	90.00%	
	R1	153.06	126.63	109.46	32.37	
电费计量中心	O2	100.00%	100.00%	100.00%	100.00%	
	R1	0.94	0.67	0.58	0.23	
中心供电所	O2	21.70%	22.72%	15.22%	22.72%	
	R1	0.94	0.67	0.58	0.23	
信息通信中心	O2	90.00%	89.91%	90.00%	90.00%	
	R1	153.06	126.63	109.46	32.37	
物资供应中心	O2	98.88%	98.62%	98.25%	98.81%	
	R1	153.06	126.63	109.46	32.37	
经济技术研究所	O2	37.5%	62.5%	116.7%	/	
	R1	100.50	101.25	104.00	/	
综合服务中心	O2	98.88%	98.62%	98.25%	98.81%	
	R1	153.06	126.63	109.46	32.37	

二、数据分析

(一)数据标准化

为了在运营转换质量和输出数量上比较地市公司各内设机构效能，需要对数据进行去量纲化。指标中的正向指标包括“台区线损管理水平指数”“电费回收率”“配网停电计划执行指标”“主网设备跳闸事故总信号正确上送率”“35KV及以上电费回收率”“独立通信电源省级集中监控率”“物资合同付款及时率”“专利指标完成率”“人均输电线长度”“职工劳动生产率人均营业户数”“配网工程高质量规划建设”；指标中的负向指标包括“输电线路故障停运率”“变电设备故障停运率”“及配变频繁停电指数”。

1. 正向指标无量纲化

$$index = \frac{X - min}{max - min}$$

Index 为评估指标的标准化分数，X 表示该指标原始得分，min 为该指标在所有参评地市公司中得分最小值，max 为该指标在所有参评地市公司中得分最大值。

2. 负向指标无量纲化

$$index = \frac{max - X}{max - min}$$

Index 为评估指标的标准化分数，X 表示该指标原始得分，min 为该指标在所有参评地市公司中得分最小值，max 为该指标在所有参评地市公司中得分最大值。

3. 标准化数据

表 7-43　各地市公司数据汇总

内设机构	指标	合肥	马鞍山	芜湖	安庆	…
输电运检中心	O2	0.97	0.99	0.93	1.00	
	R1	0.09	0.19	0.00	0.06	
变电运维中心	O2	0.97	0.99	0.93	1.00	
	R1	1.00	0.80	0.66	0.06	
网格化供电服务中心	O2	0.50	0.00	0.00	1.00	
	R1	1.00	0.62	0.49	0.00	
配网运营中心	O2	1.00	1.00	1.00	/	
	R1	1.00	0.54	0.39	/	
供电服务指挥中心	O2	1.00	0.62	1.00	1.00	
	R1	1.00	0.62	0.49	0.00	
电力调度控制中心	O2	1.00	1.00	1.00	0.00	
	R1	1.00	0.80	0.66	0.06	
电费计量中心	O2	1.00	1.00	1.00	1.00	
	R1	1.00	0.62	0.49	0.00	

续表

内设机构	指标	合肥	马鞍山	芜湖	安庆	…
中心供电所	O2	0.14	0.00	1.00	0.00	
	R1	1.00	0.62	0.49	0.00	
信息通信中心	O2	1.00	0.62	1.00	1.00	
	R1	1.00	0.80	0.66	0.06	
物资供应中心	O2	0.94	0.88	0.79	0.92	
	R1	1.00	0.80	0.66	0.06	
经济技术研究所	O2	0.16	0.34	0.72	/	
	R1	0.46	0.58	1.00	/	
综合服务中心	O2	0.94	0.88	0.79	0.92	
	R1	1.00	0.80	0.66	0.06	

(二)数据综合

对表 7-43 的每一内设机构的指标 O 和 R 各取权重 50%,计算 O 和 R 的加权平均数,得出如表 7-44 所示的结果。

表 7-44　各地市公司内设机构数据综合

内设机构	合肥	马鞍山	芜湖	安庆	…
输电运检中心	0.53	0.59	0.47	0.53	
变电运维中心	0.98	0.89	0.80	0.53	
网格化供电服务中心	0.75	0.31	0.25	0.50	
配网运营中心	1.00	0.77	0.69	/	
供电服务指挥中心	1.00	0.62	0.75	0.50	
电力调度控制中心	1.00	0.90	0.83	0.03	
电费计量中心	1.00	0.81	0.75	0.50	
中心供电所	0.57	0.31	0.75	0.00	
信息通信中心	1.00	0.71	0.83	0.53	
物资供应中心	0.97	0.84	0.73	0.49	
经济技术研究所	0.31	0.46	0.86	/	
综合服务中心	0.97	0.84	0.73	0.49	

三、分析结果的可视化呈现

(一)合肥市公司内设机构效能比较

如图 7-12 所示,合肥市公司的内设机构中变电运维中心、配网运营中心、供电服务指挥中心、电力调度控制中心、电费计量中心、物资供应中心、综合服务中心都发挥出卓越的机构效能,但经济技术研究所并没有较为突出的表现,也表明了合肥地区的电网业务网络化进程及服务能力的提升仍然任重道远,经济技术研究所的研发能力和转化利用能力亟待提升,否则会出现技术研发难以为继的尴尬局面。总体来看,合肥市公司大多数的内设机构都发挥出了应有的作用,形成了多中心协同高效运行的格局。

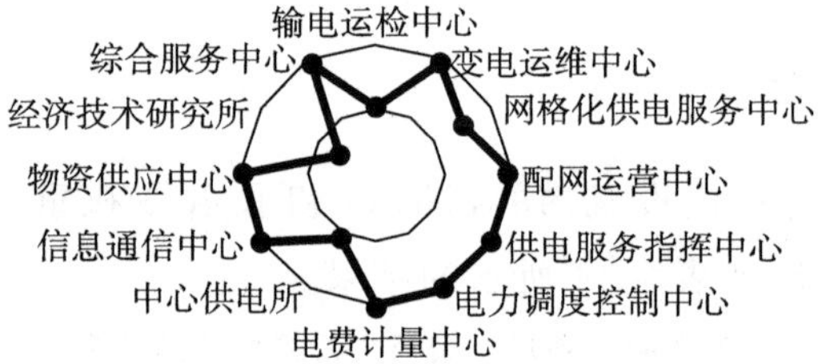

图 7-12　合肥市公司

(二)马鞍山市公司内设机构效能比较

如图 7-13 所示,马鞍山市公司的内设机构中,变电运维中心、电力调度控制中心、物资供应中心和综合服务中心发挥出卓越的机构效能,紧接其后的是电费计量中心和配网运营中心。网格化供电服务中心、中心供电所、经济技术研究所表现出较低的机构效能,中心供电所机构效能发挥不足的原因可能在于作为传统的中心供电所已经面临重大危机,新型的管理组织机构正在取代中心供电所,且中心供电所辖区内存在先天劣势(基础设施、群众教育水平等),同样,技术创新和电网业务网络化依然是痛点。总之,马鞍山市公司内设机构效能水平较低,存在较大发展空间。

图 7-13　马鞍山市公司

(三)芜湖市公司内设机构效能比较

如图 7-14 所示,芜湖市公司的内设机构中经济技术研究所表现出最高的机构效能,紧随其后的是综合服务中心、物资供应中心、信息通信中心、中心供电所、电费计量中心、电力调度中心、供电服务中心、变电运维中心。但是,网格化供电服务中心、输电运检中心表现出较低的机构效能。总体来看,芜湖市公司大部分内设机构保持着较为平均的机构效能水平。

图 7- 14　芜湖市公司

(四)安庆市公司内设机构效能比较

如图 7-15 所示,安庆市公司内设机构中输电运检中心、变电运维中心、网格化供电服务中心、供电服务指挥中心、电费计量中心、物资供应中心、综合服务中心均表现出较高的机构效能水平。而电力调度控制中心、中心供电所则表现出较低机构效能水平。总体来看,安庆市公司的内设机构之间的效能水平表现出很大的差异,两极分化现象突出。

四、结果解读

从共有的内设机构来看,中心供电所、信息通信中心、经济技术研究所的机构效能水平在众内设机构中保持着较为低下的水平,也是相应地市公司的发展痛点。在技术更新迭代的背景下,传统中心供电所的机构效能水平提升问题值得思考,电网业务的网络化信息化也亟需解决,技术创新和成果转化的矛盾依然尖锐。供电服务指挥中心、电费计量中心、物资供应中心和综合服务中心均表现出较高的效能水平。

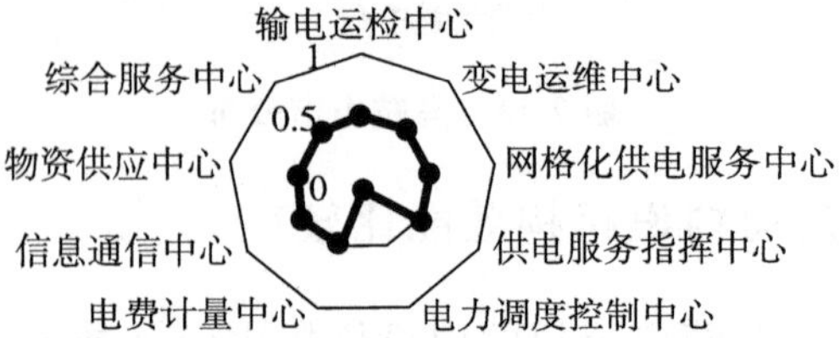

图 7-15　安庆市公司

第三节　国网安徽电力各地市公司综合效能评估

根据表 6-4 所列的职能机构效能评估指标体系,对各地市公司的职能部门进行效能评估,得出效能评估数据。在分机构效能评估基础上,通过对不同地市公司的不同机构(含职能机构)效能水平数据的赋权,加总综合,再取平均数,得出各地市公司 12 类内设机构的综合效能水平。

一、各地市公司职能机构效能评估

(一)数据来源

根据 2022 年各地市公司相关数据,以及问卷调查的 3 项数据,各地市公司机构效能评估数据见表 7-45。

表 7-45 各地市公司职能机构数据

市公司	S11 职工态度	O12 管理创新指数	O21 基层党建工作民主测评满意度	O22 选人用人工作满意度	O31 内部协调效率	R21 内部满意率
合肥	3.99	9.70	99.88	97.73	4.196	3.846
马鞍山	3.98	1.30	100.00	97.37	4.227	3.771
芜湖	3.89	2.20	100.00	100.00	4.133	3.603
安庆	4.11	1.80	98.83	93.10	4.389	3.977
…						

(二)指标计算

将表 7-45 数据标准化,根据专家权重,计算各市职能机构效能水平。详见表 7-46。

表 7-46 各地市公司职能机构效能水平

市公司	S11 职工态度	O12 管理创新指数	O21 基层党建工作民主测评满意度	O22 选人用人工作满意度	O31 内部协调效率	R21 内部满意率	加权算术平均
专家权重	0.145	0.205	0.150	0.185	0.205	0.105	/
合肥	0.512	0.092	0.979	0.977	0.609	0.614	0.610
马鞍山	0.493	0.007	1.000	0.973	0.671	0.425	0.585
芜湖	0.289	0.016	1.000	1.000	0.482	0.000	0.479
安庆	0.802	0.012	0.792	0.930	0.998	0.945	0.713
…							

二、各地市公司机构效能评估数据综合

根据表 7-29 到表 7-40 的数据,求各地市公司机构效能的算术平均数,即各市内设机构的综合效能水平。详见表 7-47。

表 7-47 各地市公司内设机构综合效能水平

市公司	输电运检中心	变电运维中心	网格化供电服务中心	配网运营中心	供电服务指挥中心	电力调度控制中心	电费计量中心	中心供电所	信息通信中心	物资供应中心	经济技术研究所	综合服务中心	平均值
合肥	0.51	0.66	0.65	0.72	0.73	0.67	0.73	0.61	0.67	0.66	0.55	0.66	0.65
马鞍山	0.41	0.53	0.35	0.47	0.45	0.53	0.5	0.51	0.38	0.52	0.37	0.52	0.46
芜湖	0.43	0.53	0.39	0.55	0.56	0.54	0.55	0.39	0.54	0.51	0.59	0.51	0.51
安庆	0.56	0.64	0.55	/	0.55	0.48	0.55	0.55	0.64	0.62	/	0.62	0.58
…													

三、各地市公司综合效能

各地市公司综合效能由其内设机构效能平均值及各地市公司职能机构效能得分，加权平均得到。机构效能分值和职能机构效能得分的权重分别设为 0.7 和 0.3。具体见表 7-48。

表 7-48 各地市公司效能综合水平

市公司	内设机构效能水平	职能机构效能水平	综合效能
权重	*0.7*	*0.3*	/
合肥	0.65	0.61	0.638
马鞍山	0.46	0.585	0.498
芜湖	0.51	0.479	0.501
安庆	0.58	0.713	0.620
…			

四、分析结果

根据表 7-48 中的数据，制作柱状图，绘制直观可视化图形，见图 7-28。国网安徽电力合肥市公司综合效能水平位居第一，马鞍山公司居末位。

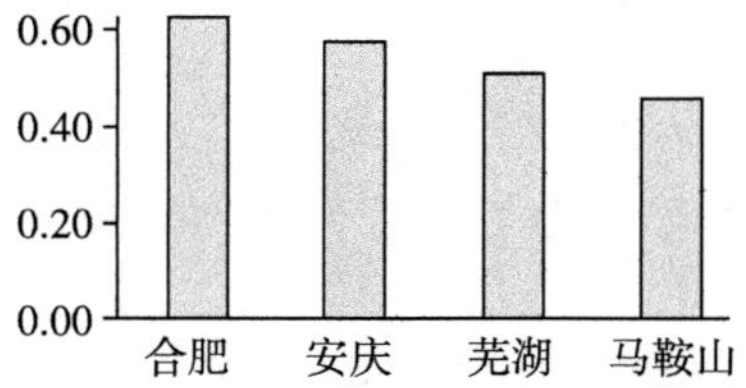

图 7-28　各市综合效能水平柱状图

第八章 结论

本书梳理了机构效能理论，探索性地构建了组织机构效能评估的理论基础。在理论指引下，结合国网安徽电力基本现状，构建了比较成熟的机构效能评估指标维度体系。但是，本书研究在数据和调研等方面尚有不足。

一、探索电网企业机构效能评估理论

本书界定了组织机构效能的内涵和外延：机构效能是组织实现自身目标的程度和效果，同时反映组织在内外部活动过程中所实现的效率和能力(分为组织的能力和绩效以及员工的态度和行为)。机构效能评估是根据影响机构效能的主要维度，运用分析方法确定目标，在收集数据信息基础上，建立反映机构达到目标的能力的评估方法，并给出衡量机构效能的测度，以达到评估机构实现自身目标程度能力的目的。组织机构效能分为平台效能和管理效能。电网企业组织机构效能评估维度包括态度、胜任能力、创新、质量、协调、数量、满意度、安全、就业与生态环境等。同时，构建了“目标—视角—维度—链接方式和关系—成型”的评估理论模型。

二、建立机构效能评估模型指标体系

本书将机构效能评估理论模型与企业 SOR 价值链分析融合在一起，全面系统地分析影响电网企业组织机构效能水平的各个环节或链节；将效能评估十维度嵌入 SOR 价值链环节，结合国网安徽电力已有研究和测量指标，将已有指标与各维度的对应起来，形成对维度的测量，从而得到一套指标体系。再运用AHP－熵权法，赋予指标维度相应的权重。国网安徽电力完整的组织机构效能评估指标体系建立，为进一步进行实际的机构效能评估提供了科学的测量工具。

三、提出国网安徽电力机构效能提升对策

国网安徽电力平台效能的提升需要从三个方面入手：一是省市县级公司的职能部门的调整优化增设；二是结合外部需求对各公司内设机构的优化进行探索；三是运用数字化、信息化技术，构建虚拟综合性班组，以提高网格化服务的效能。国网安徽电力的管理效能升级主要是完善企业资源的配置规则，包括重视企业运营过程、体现"一体四翼"发展布局的物质资源配置规则，以及关注核心员工、兼顾辅助员工和潜在员工的灵活柔性的人力资源配置规则。最后指出，公司机构效能在提升过程中，组织机构内部的沟通协调效率也是效能提升的关键点。

四、数据采集要选择企业一手数据

数据的质量直接影响评估的科学性、合理性。本书所采集的数据主要来自各市县上报的企业运营数据，这些数据有大量的指数数据。从研究角度来看，指数数据可以说是二手数据，因为数据已经过市县级公司的加工处理。这些数据被广泛用在国网安徽电力各类评估中，由于数据的同源同质，导致这些评估的结果差异性减小，限制了机构效能评估的价值。因此，建议公司在上报数据时，要随材料提交原始的一手数据，公司建立数据库，便于爬取数据，进行机构效能评估。对评估指标体系中不适合日常报告的指标，必须通过问卷调查获得一手数据。

五、效能评估工作需要现场调研支持

本研究在国内电网企业横向对比方面有所欠缺。原计划要调研国内的

标杆企业，因种种原因被迫放弃；现场调研开展不够充分，虽然调研了主要的几家市县级公司，但以之全面认识国网安徽电力及其机构效能则显不足，影响了国网安徽电力机构效能评估研究的质量水平。

参考文献

[1]Barnard C. I. Functions of Executive[M]. MA：Harvard Unversity Press，1964：49－63.

[2]彼得·德鲁克. 二十一世纪管理的挑战[M]. 北京：机械工业出版社，2020.

[3] Hackman J R. The design of work teams [J]. Handbook of Organizational Behavior Prentice Hall Englewood Cliffs Nj，1987.

[4]杨倩. D 高校 MBA 教育管理效能提升对策[D]. 东北大学，2020. DOI：10. 27007/d. cnki. gdbeu. 2020. 000972.

[5]吉忠华. 效能＝目标×效率——企业领导者不应忽视的公式[J]. 收藏，1994，12.

[6]郑燕祥. 教育的功能与效能[M]. 台中：广角镜出版社，1986.

[7]乔永波. 企业环保投资效率评价指标体系概念辨析[J]. 管理现代化. 2014，34(03)：63－65.

[8]张振刚，崔婷婷，余传鹏. 家长式领导对机构效能的影响：知识分享意愿的中介作用[J]. 科技管理研究，2015，35(09)：191－196＋201.

[9]邵莹珠. 昆山市国有企业人力资源管理效能研究[D]. 上海社会科学院，2017.

[10]李成彦. 组织文化对机构效能影响的实证研究[D]. 华东师范大学，2005.

[11]Drucker P F. The effective executive[M]. Routledge，2018.

[12]Gold A H ，Malhotra A ，Segars A H . Knowledge management：an organizational capabilities perspective [J]. Journal of management

information systems，2001，18(1)：185－214.

[13]张红涛，王二平.态度与行为关系研究现状及发展趋势[J].心理科学进展，2007(01)：163－168.

[14]Baron R A，Byrnt D，Suls J. Exploring social psychology. 3thed. Allyn and Bacon，1988：79－82.

[15]Upmeyer A，Six B，et al. Attitudes and Behavioral Decisions，Springer～Verlag New York Inc，1989：1－2.

[16]Skitka L G，Bauman C W，Sargis E G. Moral Conviction；Another Contributor to Attitude Strength or Something More? Journal of Personality and Social Psychology，2005，88(6)：895－917.

[17]Taylor FW. The Principles of ScientificManagement[J]，1911，7(9)：723－724.

[18]托马斯·S.贝特曼，斯考特·A.斯奈尔，贝特曼，等.管理学：新竞争格局[M].北京大学出版社，2007.

[19]萧鸣政.人力资源开发的理论与方法[M].高等教育出版社，2012.

[20]张一弛.优秀员工素质手册：告诉你在职场里做人和做事的必备修养[M].中国纺织出版社，2008.

[21]McClelland D C. Testing for competence rather than for "intelligence."[J]. American psycho－logist，1973，28(1)：1.

[22]Boyatzis. The Competent Manager：a model for Effective Performance [M]. NewYork，NY：Willy，1982：5－7.

[23]Ledford Jr G E. Paying for the skills，knowledge，and competencies of knowledge workers[J]. Compensation & Benefits Review，1995，27(4)：55－62.

[23]Hoppock. Job Satisfaction[J]. New York：Harper and Brothers，VOI，8，No.3，1935：34－35.

[24]Kamdron T. Work Motivation and Job Satisfaction：Theories and Research Experience from Estonia[M]. Lambert Academic，2009.13

[25]刘云.员工满意度和员工绩效关系实证研究[J].重庆工学院学报，2005(04)：59－62.

[26]严红，陈鹏.家族企业与职业经理人信任关系研究[J].全国商情

（经济理论研究），2008（05）：34－35. DOI：10. 16834/j. cnki. issn1009－5292. 2008. 05. 013.

[27] Cardozo R N. An ExperimentalStudy of Customer Effort, Expectation，and Satisfaction. 1965,2(3):244－249.

[28]Keith H H，Hunt H K. CS/D－Overview and Future Research Directions [J]. Conceptualization and Measurement of Consumer Satisfaction and Dissatisfaction，1977：455－489.

[29] Fornell C. A national customer satisfaction barometer：The Swedish experience[J]. Journal of marketing，1992，56(1)：6－21.

[30] Koys D J. The effects of employee satisfaction，organizational citizenship behavior，and turnover on organizational effectiveness：A unit - level，longitudinal study[J]. Personnel psychology，2001，54(1)：101－114.

[31]张伟，赵曙明，李乾文. 国际化企业：组织公民行为和组织绩效的研究[J]. 当代财经，2008 (10)：95－99.

[32]井辉. 个性化人力资源管理实践对员工创新绩效的影响：组织公民行为的中介效应[J]. 领导科学，2017(26)：55－58. DOI：10. 19572/j. cnki. ldkx. 2017. 26. 016.

[33]石慧，王瑞文. 谈公共企业员工组织公民行为对任务绩效的影响[J]. 商业经济研究，2016 (03)：93－95.

[34]杜娟. 人力资源管理实践与组织绩效关系研究的困境与中间变量选择[J]. 外国经济与管理，2007(07)：35－43. DOI：10. 16538/j. cnki. fem. 2007. 07. 006.

[35]曾德明，刘忠志. 企业组织学习及其对经营绩效影响的实证分析——基于 34 家高新技术企业的调查[J]. 财经问题研究，2004(11)：86－91.

[36]施放，朱吉铭. 创新网络、组织学习对创新绩效的影响研究——基于浙江省高新技术企业[J]. 华东经济管理，2015，29(10)：21－26.

[37]项峰. 引领发展的第一动力——如何坚持创新发展[N]. 光明日报，2016－01－29.

[38]王志莲，张红. TCL 集团组织创新研究[J]. 经济问题探索，2003(04)：83－87.

[39]李斌.组织资本:组织创新动因的经济分析[J].商场现代化,2005(29):129—130.

[40]苏敬勤,林海芬.管理创新研究视角评述及展望[J].管理学报,2010,7(09):1343—1349+1357.

[41]金玮,石春生.企业组织创新演化过程及影响要素研究——以高端装备制造企业为例[J].科技管理研究,2017,37(12):9—14.

[42]Forrest J Y L, Lin C, Mondal S, et al. Environmental forces underneath the innovativeness of manufacturing firms[J]. Theoretical Economics Letters, 2019, 9(05): 1353.

[43] VAN DE VEN A H, WALKER G. The Dynamics of Interorganizational Coordination [J]. Administrative Science Quarterly, 1984,29(4):598—621.

[44] Kim H W. Modeling inter — and intra — organizational coordination in electronic commerce deployments [J]. Information Technology and Management, 2001, 2(3): 335—354.

[45]Ros Coombs and Mr Richard Hull. The wider research context of Business Process Analysis. [J]. 1978,23—47. http://Bprc. warwick. ac. uk/umist1. html.

[46]黄佳圳.科层组织的时间维度:差序、支配与管理[J].中国行政管理,2019(02):47—52. DOI: 10. 19735/j. issn. 1006—0863. 2019. 02. 06.

[47] Blount S, Janicik G A. When plans change: Examining how people evaluate timing changes in work organizations[J]. Academy of management Review, 2001, 26(4): 566—585.

[48]Ancona D, Chong C L. Entrainment: Pace, cycle, and rhythm in organizational behavior[J]. 1996, 18: 251—284.

[49]Carroll A B . A three-dimensional conceptual model of corporate social performance[J]. The Academy of Management Review, 1979, 4:497—506.

[50]Marrewijk M V . Concepts and definitions of CSR and corporate sustainability: Between agency and communion. 2003.

[51]田虹.企业社会责任与企业绩效的相关性——基于中国通信行业

的经验数据[J].经济管理,2009(01):72—79. DOI:10.19616/j.cnki.bmj.2009.01.013.

[52]黄速建,余菁.国有企业的性质、目标与社会责任[J].中国工业经济,2006(02):68—76. DOI:10. 19581/j.cnki.ciejournal.2006.02(09):17—20.

[53]Michael S R. Organizational change techniques: Their present, their future[J]. Organizational Dynamics, 1982, 11(1): 67—80.

[54] Robbins S P . Organization theory : structure, design, and applications[J]. Components Pack — aging & Manufacturing Technology Part A IEEE Transactions on, 1990, 21(3):399 — 405.

[55]顾卫东.管理组织结构理论与实践的新发展[J].经济学动态,1999(12):53—57.

[56]白睿.组织发展与有效性评估[J].企业管理,2015(10): 04—106.

[57]安妮·布鲁斯、斯蒂芬妮·M·蒙坦内兹(著),郭然、殷海江(译).领导力:从起步到卓越[M].台湾:台海出版社,2018(09):40—55.

[58] Roger Schwarz.专业引导技巧[M].北京:电子工业出版社,2018(01):33—45.

[59]柴勇.企业文化管理的三个维度[J].人民论坛,2018(20):86—87.

[60]李正昌.领导者提升组织管理效能的硬标准与软策略[J].领导科学,2021(01):68—70.

[61]周文霞,辛迅,谢宝国等.职业胜任力研究:综述与展望[J].中国人力资源开发,2015(7):17—25.

[62] DeFillippi R J, Arthur M B. The boundaryless career: A competency - based perspective[J]. Journal of organizational behavior, 1994,15(4):307—324.

[63] Hammer M. Reengineering Work: Don't Automate, Obliterate [J]. Harvard Business Review, 1990.4:101—112.

[64] Davenport T H, Short J E. The New Industrial Engineering: Information Technology and Business Process Redesign [J]. Sloan Management Review,1990,31 (4):11—27.

[65]冉斌,水藏玺,明鹏.企业流程优化与再造实例解读[M].中国经济出版社, 2008(3):12.

[66]周妮等.企业业务流程设计与再造[M].中国纺织出版社,2005(1):26

[67]蒋志青著.企业业务流程设计与管理[M],电子工业出版社,2004(3).

[68]陈禹六等.经营过程重构与系统集成[M].北京:清华大学出版社,2001:106.

[69] Hammer M & Champy J. Reengineering the Corporation: A manifesto for Business Revolution. New York: Haper Business, 1993.

[70]潘宪生,张明宝等编著.企业业务流程重组[M].科学出版社,2004:37.

[71]葛星,黄鹏.流程管理理论设计工具实践[M].清华大学出版社,2008,2:5.

[72]王坚,戴毅茹,凌卫青.柔性业务过程管理体系与方法[M].电子工业出版社,2008,5: 8—21.

[73]风羽翚,李严锋,叶琼伟.业务流程管理[M].清华大学出版社,2009,03:33.

[74]于海澜.企业架构:价值网络时代企业成功的运营模式.东方出版社[M].2009:6.

[75]埃里克森,等著.UML业务建模.夏昕,何克清译.北京机械工业出版社[M].2004,3:64.

[76]王坚,戴毅茹,凌卫青.柔性业务过程管理体系与方法[M].北京:电子工业出版社,2008(5):45.

[77]朱海平.支持业务流程管理的工作流建模和分析理论研究[D].华中科技大学,2004:12.

[78]崔海波.基于流程的组织结构设计关键问题研究[D].国防科学技术大学,2007:11.

[79] M. E. Nissen. Knowledge - Based Organizational Process Redesign: Using Process Flow Measures to Transform Procurement [D]. Los Angeles: University of Southern California. 1996.

[80] Eric, S. K , Yu, et al. Using Goals, Rules and Methods to Support Reasoning in Business Process Reengineering [J]. Intelligent

Systems in Accounting Finance & Management，1996，(5)：1—13.

[81]王丹，江华. 基于战略的组织效能评价体系研究[J]. 中国人力资源开发，2012(5)：54.

[82]戴维·尤里奇、贾斯汀·艾伦. 变革的 HR：从外到内的 HR 新模式[M]. 北京：机械工业出版社，2020.

[83]陈晓梅. 火力发电企业部门业绩评价研究[D]. 保定：华北电力大学，2009.

[84]王丹. 战略导向组织效能评价体系的构建与应用[J]. 商业时代，2012(26)：88—89.

[85]余子华. 基于战略实现和价值提升的组织效能评估方法与实践研究[J]. 黑龙江人力资源和社会保障，2022(13)：4—7.

[86]肖秋发. 国有企业领导人员考核评价体系研究与实践[J]. 现代企业，2021(03)：33—34.

[87]吴铁群. 基于时序动态理论的省级电网公司绩效评价模型研究[D]. 华北电力大学，2011.

[88]杨建花. 基于 AHP——熵权法的甘南州旅游扶贫效果评价研究[D]. 兰州大学，2017.

[89]陈永霞，贾良定，李超平. 变革型领导、心里授权与员工的组织承诺：中国情景下的实证研究[J]. 管理世界，2006(1)：96—144.

[90]邝颂东，高中华，李超平. 工作——家庭冲突对教师离职意向的影响：组织承诺中介作用的实证研究[J]. 心理研究，2009，2(6)：58—62.

[91]Montoya M M, Massey A P, Lockwood N S. 3D Collaborative Virtual Environment：Exploring the Link Between Collaborative Behaviors and Team Performance[J]. Decision Science，2011，42(2)：451—476.

[92]肖缙. 机构改革背景下陇南市乡镇政府履行职能提升研究——以成县红川为例[D]. 兰州大学，2022.

[93]冯柔星. 薪酬差距与组织结果关系——基于元分析方法的探究[D]. 南京大学，2021.

后　记

本书由于数据的敏感性，有些有价值的信息数据不得不删除，比如涉及生产运营环节的第一手信息数据不便于公开披露，使得本书部分研究缺乏更详尽的数据支撑和说服力。另外，有一些阐发自理论的、具有前瞻性的研究成果，因与现实情况相差较远并受客观条件约束而被简略地一带而过或只字未提，比如建设基于信息网络的虚拟班组、企业内部市场配置资源等提法。最重要的一点是，书中设置的效能评估模型指标体系，需要用最原始的、未加工的一手数据，但是现有数据大多达不到这一要求，导致在数据实证分析中，用均值来替换，存在一定瑕疵。

本书的编写从 2022 年春开始谋划，编写过程中得到国网安徽省电力有限公司各级领导、相关人员的关注及大力支持。他们提供资料和数据，并牵头主持数次实地调研，听取意见及建议。安徽大学商学院领导对本书的编写给予极大关注，参与编写的几位老师和研究生也付出了辛苦的劳动。

最后，感谢北京师范大学出版集团安徽大学出版社李君老师对本书出版给予的大力支持，感谢责任编辑吴泽宇的辛勤付出！